徐福纪事

张炜·····著

山东教育出版社

在中国，我觉得从古到今，很少有谁能像这个人物一样值得寻味。

目录

第一章 东巡

东巡·一

1

始皇在赵高的一再劝谏之下，将每日阅览的竹简减去了半车。咳嗽，失眠，这在过去是极少有的现象。那时无论多么焦思和忙碌，几乎一躺下就可以睡着。他在最繁忙的日子里总要远离那些宫妃；更多的时候，只让一个小宦官睡在一边：醒来时摸一摸他滑腻腻的额头，然后慢条斯理地吩咐一些事项。

小宦官长得灵巧，身体像丝绸一般润滑。

因为睡眠不佳，始皇整整一个白天都萎靡不振。时近黄昏，他如大梦初醒般神情恍惑，竟然不知怎么问了一句：“我是谁啊？”

小宦官慌慌应道：“您是陛下。”

他望着窗外，目光游移，仍然像在喃喃自语：“可有人说朕就是勇、毒、猛、利；是一个无所不能的人。”

他说完喉咙一阵发痒，但忍住了没有咳。

小宦官端量着始皇，越看越觉得这个人有些陌生：细长的眼睛，黄黄的面皮，早就弓了腰，还要咳个不停。小宦官真想和他挨到一块儿，比比两人究竟谁的个子更高。小宦官有一个奇特的本事，就是躺下用力一伸，身体可以长出半尺；而他站起来就立刻复原，显得矮了。他觉得始皇只稍微高出一点。他想说：如果俺没有给清净一番，也许还会往上蹿哩，也会长出像你那样浓黑的胡子。

始皇偶尔要抓挠瘙痒的身体，这时皮肤上立刻出现一道道凸起的红条。小宦官每到了这时候总要取一点药水，往他的身上搽几下，直看着这些凸起的红条消失。

始皇仍旧望窗子自语："有人总说朕无所不能——"

小宦官嗫嚅着："是啊，陛下无所不能。"

"朕让天下雨，天就会下雨吗？朕让天上响个惊雷，它会隆隆响起来吗？"

小宦官说："这……"

始皇的目光从窗外收回，莫名其妙地咕哝了几句什么，眼睛有些湿润。这样过了一会儿，他突然站起，从墙上取下了卢鹿剑。始皇端量剑的肃穆神情让小宦官心口发紧。

始皇在刚刚点起灯火的大厅中央踱了一会儿，又把卢鹿剑重新挂到墙上，这才斜倚到榻上。这是在渭河南岸的章台宫里，这一处离宫别苑曾是他年轻时候最喜欢的地方。这里装满了美好动人的回忆。

也就在这里，他曾做出了一生中最重要也是最困难的决定：以迅雷不及掩耳之势，一举歼灭了乱权的嫪党。宦官嫪毐备受母后宠用，已成宫帷大害，权倾朝野。立下功业的是御前郎将蒙武，他带领一干武士于午夜发事，缉拿嫪毐以及余党卫慰竭、佐弋竭、内史肆。天明时分，一群将士又将母后居住的大郑宫围住。一切进行得十分顺利，太阳落山之前，太后已被迁往别处囚禁起来了。

那算得上腥风血雨的一天。他至今记得来往于章台宫的那些将士的神色，以及他们沾血的衣袍。

不久之后是对相国吕不韦的处置：先是免职，而后逼其服下毒酒一杯……

“陛下该歇息了。”是小宦官的声音。

这一声呼唤将他从回忆中引出。步入寝室，一股浓浓的胭脂气险些让他打了个踉跄。他并非那么喜欢这些女孩子，虽然曾一口气把从六国纳来的四百多个女子召为宫女。这个夜晚，他知道自己又要失眠了，而这时最大的乐趣，就是与她们之间无拘无束的交谈。他特别喜欢的是来自东方的齐国女子，最想听的就是出自她们口中的那些海边奇闻。

这一天小宦官做了个奇怪的梦，梦见自己的身体在飞快地伸长。他醒来时，首先去查看身体，发现依然故我。他有些扫兴。

外面小鸟喳喳叫。小宦官跑出去一看，见博士淳于越在门口树下读书。这个淳于越每天清晨即起，背上一捆书简，在树下咕咕哝哝。

小宦官上前施礼问好，他只用眼角瞟来。

小宦官说："请教博士一个诀窍。"

"讲来。"

小宦官就问了："始皇帝为什么一夜一夜不睡呢？难道是那些丹丸的作用吗？"

淳于越捋着稀疏的胡须："万物都有气数，一切皆由天定。丹丸也无济于事，一个人气数尽时，则如灯将熄。"

小宦官的脸色黄了，嘴里连连说："明白了，明白了。"

实际上他什么也不明白。他刚刚识了二百个字，而且这二百个字中有的是燕体，有的是齐国传来的，有的是秦国的文字。这在统一文字后的这些年里也就算个麻烦。淳于越曾亲手教他写过那个"马"字，可他怎么也学不会。淳于越骂他"朽木不可雕也"。

2

始皇醒来的时间越来越晚了，小宦官就一直守在门口。他不允许任何人打扰。约莫半上午，里面传来了阵阵咳声。他赶紧提提裤子跑到外间，轻轻叫一声“陛下”；再一声咳嗽传出，他才敢走进寝室。一片脂粉的香味呛得他几次掩鼻。他爬上寝床，想把始皇搀起来。始皇自己坐起来了。

小宦官两只胖手在他后背上一搭，每个手指都落在一个穴眼上。始皇坐在那儿，眼睛却一刻也没有离开板壁上的一张军事图表。那上面画了高山峻岭、河流、城郭，分别写了燕、赵、魏、楚、韩、齐。如今六国的山头已被秦旗如数覆盖了。

他看着那张图，忽然发出一声长吟，低沉而悠远。

小宦官两手一抖，同时知道这场按摩也该结束了。

始皇抖抖身子，穿上衮袍，戴上皇冠。他足蹬一双奇特的高底木靴，这立刻显得高大了许多。皇冠紧扣前额，他轻轻往后一扶，使头皮抻紧，两只眼睛于是向上方吊起来，像一双鹰眼。他走出宫来，跨出二门，两旁是几个等待晋见的文武官员，他们跪在那儿呼唤陛下。

他神色依旧，如入无人之境，只继续往前。几个武官立刻在几百步远的地方布下岗哨。

他一直走出宫墙。前面是一片辽阔的大水。这片大水是五年前从渭河中引入的，号称“东海”，水中分别建了三个岛屿，取名“蓬莱”“瀛洲”“方丈”，即传说中的三仙山。大水在深秋里仿佛冒着热气，那是一片缭绕的雾气。为建这处“东海”，当年从六国征发了二十万民工，历时三年方才告竣。它最初是一个齐国方士的设想，那个人尽情描绘了东海神仙境界，说上面居住了仙人，他们藏有长生不死的仙药。“如何采得仙药？”始皇提出了日夜挂念心头的事情。方士答：“这还需假以时日，陛下不妨一边差人去寻，一边在咸阳仿造一个东海，在海里筑起三仙山，如此日久，说不定神仙也就不请自来了。”他对这个建议特别赞同，因为想象中的神仙也像人一样，也会喜欢离宫别苑，就像朕的兴乐宫、六英宫、甘泉宫和长杨宫……

在兴建“东海”之初，派往齐国寻觅长生不老药的队伍就出发了。那全是由一些方士组成的，他们个个自告奋勇，人人一马当先，仿佛此事唾手可得。他可不敢那么轻信，为求事成，每个方士行前都赠予重金。

五年一晃而过，几乎没有一个方士凯旋，有的甚至连影子都不见了。这五年里他只在咸阳的“东海”畅游，坐在富丽堂皇的楼船上，一次又一次登临“三仙山”。然而这里从来没有一个仙人光顾。

“蓬莱”“瀛洲”“方丈”，他远望着这片无边的大水，轻轻呼出了声音。

他沿岸边往前，刚走了几步就蹲下来。

小宦官赶紧凑过去，见始皇正面对着一群黑压压的蚂蚁发呆。

“蚂蚁搬家，要下雨啦！”小宦官咕哝了一句。

密密麻麻的蚂蚁，成千上万，顺着一条土埂流动。始皇看着，看着。小宦官亲眼见他细长的眼睛飞快地挑了挑，背手站起。始皇两眼往旁扫了扫，又看看天际，说：“不知李斯他们准备得如何？”

小宦官这才想起今天将有一场阅兵。

从水边走开，他们一直往前。那些卫士们也要跟上，始皇一挥手，兵士们立刻退远。小宦官知道，他这会儿只想两个人在一起。

他们走了很远，一直走到一些曲折的街巷。街市上熙熙攘攘，卖柴的，卖米的，还有卖盐的。所有人都衣衫褴褛，神色慌张，面容憔悴。始皇看着他们，有时候低头问一问米盐的价钱，有时还拍一拍这些人的肩膀，对答几句，故意把声音弄得别别扭扭。小宦官发觉他会说街巷俚语，怪僻土话也懂不少；他还亲眼见始皇从一个没有牙的老人手里接过一块锅饼——要知道这在咸阳城里还很少有人吃这种食物，大概是从胡人那里传来的。始皇低头嗅这粗糙的食物时被呛着了，咳起来，咳的声音很大，以至于好多人都投来目光，以为发生了什么大事。

他们继续往前。前面的街巷更加曲折，卖东西的，乞讨的，耍把戏的，还有卖甜米粥的。一个老婆婆跪在那里，手扯不足两岁的孩子向行人磕头乞讨。始皇眼睛里渗出了泪水，一只手向小宦官伸来。小宦官赶紧从衣兜里掏出了一把钱币。始皇捏了捏，放在那个老婆婆手里。始皇走开时，步履变得沉重了。有一会儿，那此起彼伏的吆喝声竟让他止步不前。他挠挠下巴，在小宦官的耳边说了几句，就匆匆地往回走了……

天际传来了雷声，然后就淅淅沥沥下起雨来。小宦官这之前就跑出宫门望了几次，一直担心变天呢——变了天，阅兵怎么搞？他正这样想时，大将王贲来叩门了。

王贲虎背熊腰，年轻英俊，是大将王翦的儿子，曾经随父率大军六十万灭楚，后又入齐，军功盖世，是始皇最喜欢的一个将军。小宦官知道他是为什么事来的，就问：

“你是为下雨的事，对吧？”

“就是呀，陛下今天要阅兵，可是你看这天气，眼见得雨越下越大。是不是禀报一下，改日再……”

小宦官知道这不可以，故意问：“你带来多少将士？”

“离咸阳不远的蒙恬将军的那一部分，督修长城的，全给我调来了，一共十几万人呢。”

“他们都在哪里？”

“他们这时候正往谷地里走呢，用不了半个时辰就能列好阵势；将士们淋点雨倒不怕，陛下怎么办？他年纪大了，快到五十的人了。”

小宦官笑笑：“你这句话也就是在这儿讲吧，让陛下听到，要倒霉的。”

3

大约是十点，始皇穿戴齐整。宫门外早备好车辆，待他出门时立刻有人支起盖伞为他遮雨。

闪电亮个不停，雷声轰鸣，滂沱大雨直浇下来。文武大臣跟在后面，冻得瑟瑟发抖。始皇神态自若，踏在车上，两手扶住横杆。大家加快了步子。离谷地很远，就看到一片旌旗飘动，阵阵鼓声把雷鸣都淹没了。始皇脸上被雷电映得闪闪发亮，双眉蹙动，两眼射出火炬一般的光亮。他下了车辇，一直向着列成长阵的士兵那儿走去。

离队列还有几百米远的时候，大将王贲振臂呼喊着什么，士兵们挥起了如林的手臂，喊叫着："陛下！陛下！"

整个山谷都在回荡。

始皇神色凛然，紧抿嘴角。他向谷地上的兵士轻轻挥动手臂。

又是一阵惊天动地的呼喊。

大雨浇个不停，风搅动起来，旌旗猎猎，号角鼓声响成一片，山谷震颤。

始皇在长阵中巡行一遍，然后站在了最高的山包上。那儿有一棵高大无比的白果树。这时大家都看到他拔出卢鹿剑，迎着空中猛力一挥。好像在刹那间，风停云止，连雷电也一起消失了。雨水变缓，淅淅沥沥，看样子将很快收敛。

众将士又是一阵呼喊。山谷在喊声里再一次抖动。

喊声毕，丞相李斯率文武大臣从谷地一侧而来，在始皇两边跪成一片。始皇垂下眼看了看谷地坡下，望着那连成一片的蚂蚁般的士兵、将士，然后转过身，登上了湿淋淋的车子。

始皇离去了。那个身材高高、面色蜡黄的丞相李斯站起来，轻轻抚了抚衣袖，在始皇刚刚站立的白果树下待了一会儿。他发现王贲正在吹动号角，那整整齐齐排列的将士开始移动了。眼下的阵势让他想起了几年前的一个场景……

那一天他正随陛下狩猎。始皇不停地拉响弓弦，收获最多。刚刚射了一只虎，陛下余兴未尽，用力打马，要攀上一座高峰。山坡太陡，骏马裹足不前，文武大臣都替他捏一把汗。可是这时始皇翻身下马，徒步往山上登去。大臣也只好随他攀登。那时陛下体健，并不像现在这样又咳又喘；他第一个登上大山之巅。

整个的山川大地尽收眼底，伏云滚滚，雾霭千里。始皇展望大山南北，神情肃穆，看着看着，那双细长的眼睛射出了逼人的光亮。他伸手指点着远处雾霭中的山峰：

“何不沿大山筑起高城，挡住胡人！”

一个博士喘息着问：“从哪里修起呀？”

陛下的卢鹿剑往东海之滨指了一下，然后又从空中划了一道长长的弧线。那意思再明白也没有，就是要从东海岸开始，沿着那起伏的高山峻岭修一座连天接宇的大城。

“天哪！”不知是谁喊了一声。

始皇用眼角瞥了瞥。四周再无一点声息。

丞相李斯看在眼里，身子莫名地发抖。回宫后，他立刻命令几个博士连夜画图。他们在羊皮上大致根据地理图形画好了山脉，又在这山脉之上，按照始皇的意思画了一条舞动的、长龙一般的巨城。

李斯把这张图端到始皇面前。始皇瞥瞥而已。李斯明白，陛下是不屑于看这张图的，他只想面对真正的高山大河。

海内闻声而动。大将蒙恬亲率大军督修长城。亘古未闻的巨大工程就这样展开了。

就在开修长城不久，始皇又发布命令：统一文字，统一度量衡，统一车轨，统一钱币。

李斯看着乌云退去的天空，看着身后茂盛的白果树，看着谷地里正在撤退的兵士，口中喃喃一声："陛下……"

此刻始皇正躺在卧榻上，他似乎有些疲累了。

小宦官不止一次从始皇的呼吸中嗅到一股怪异的气味。这种浓烈的气味是不久以前才出现的，由此他知道：陛下又开始吞食方士们赠予的丹丸了。这些丹丸曾一度停过，起因是宫内试丹的宦官中死了一个，死的时候七窍流血，据御医说是丹力暴发。始皇在停止服丹半月之后，只觉得浑身无力，双目昏花，无奈只好重新拾起丹丸。这让小宦官为他捏了一把汗，并从心底痛恨那帮齐国的方士。

自从陛下结识了那些方士，就常常与小宦官谈一些稀奇古怪的想法。这些想法他从来不与人传。他知道有人听了会认为荒诞不经：一般人怎么会理解陛下的奇怪念头。

有一次一个齐女给始皇掏耳朵，使用的是红铜做成的挖耳勺。陛下在这个时刻特别爱听一些古里古怪的东海奇闻，她们也就渐渐没了拘束，一边讲一边笑，那把挖耳勺竟碰疼了始皇。陛下痛苦地一皱眉头，小宦官立刻就夺下了挖耳勺。始皇一直看着它被小宦官折成了两截，目光里好像有些惋惜。

也就在那不久，始皇传下了一个旨令：海内金器一并收起，铸成金人。一道旨令迅速传遍全国，士兵逐门逐户搜查金属铁器。除了必要的农具之外，所有的兵器悉数收起。白天黑夜，车辆辘辘不停驶往咸阳。接着那些化铁匠也应招而来。所有的兵器都被投入化铁炉，化成铁水，浇铸成金人。一溜儿巨大的金人耸立在广场上，令人叹为观止。

只有小宦官知道，整个事件或许起因于一只小小的挖耳勺。

东巡 · 二

1

围困齐国之初，始皇曾问王贲：“贲，你如何使三十万大军所向披靡？”

王贲说：“陛下，臣牢记先父的教诲，对兵士，要给他们以信，给他们以勇，但不给他们以智。”

始皇若有所思。王贲接上说：“给他们猪、骡、马、牛肉吃，让他们喝生马血。”

始皇笑出了声音。

王贲感到陛下高兴了，于是滔滔不绝：“三十万大军，枪刀剑戟，排山倒海，六国岂有不灭之理？”

结果齐国几乎不战而亡。这些日子里，宫内欢呼雀跃，始皇脸上却肃穆如常。

赵高忙着摆宴庆贺。始皇在等王贲归来，一直端坐宫中。“王贲什么时候回咸阳？”他问左右。

卫尉忙答："今天夜里差不多了吧？"

赵高走过来禀报："已经快马去催了。"

齐国的美女、钱币、金银细软、绸缎，还有上好的竹简，一直源源不断地运进咸阳。

有一个少女长得高大、洁白、俊美，这在咸阳城里无论如何也找不到的。始皇问她："你是王族吗？"

少女点头。

"多大了？"

"十九。"

赵高在一旁咕哝："齐国地处东海之滨，与东莱相邻。莱国就有这种女人，她们个个身高马大……"

始皇做了个手势，赵高闭了嘴巴。

这时有人喊道："王贲拜见陛下——"

始皇迎声起身，竟往前走了几步。

王贲已跪在正殿。

始皇说："王贲，我已候你多时。"

"臣步履迟缓，臣有罪。"

始皇呷了一口水，让王贲把战况一一道来。

王贲说："三十万大军一字排开，齐国将士惊慌失措，若真的打起来，恐怕也不堪一击。"他瞥瞥始皇，咽了一口，

“不过，开始却不是这样；齐军试图阻拦，倚仗要塞，拒不投降。而我将士正等着屠城呢……”

始皇鼻子里“哼”了一声。

“伐燕赵，”王贲提高声音，“将军振臂高呼：‘为陛下而战！’兵士齐声响应，山摇地动，声如雷电，大军如海涛汹涌。城垣守敌浑身颤抖，何能抵我。厮杀中，有人手举长矛连呼‘陛下’，英勇无比。有的战士中了敌军毒箭，倒下那一刻还在呼喊‘陛下’。陛下如果亲临战场，目睹壮烈之厮杀，一定会留下深刻印象。”

始皇嗯了一声，赐坐。

王贲坐了，鼻子上渗出米粒大的汗珠。

始皇说：“你的父亲王翦当年率六十万大军灭楚，也是喊着‘为陛下而战’，兵临城下，敌军连连溃逃，毫无抵挡，一泻千里。楚地横尸遍野，胡虏岂敢猖獗。大军无非是朕伸长的手臂，强拳劲膂而已——进而灭燕，灭代，最后亡齐。齐国何等悍嚣，如今却不战而亡，正应了他们军师的一句名言，所谓‘不战而屈人之兵’也……卢鹿指处，必是降敌。”

“陛下所言甚是。”

始皇说过这一番话之后，已有些倦意，最后声音低沉得几乎听不见：“偌大一个齐国……真是可惜。”

王贲有些不信自己的耳朵，这时茫然地望着陛下。他这会儿突然想起，齐姬就是齐国人啊，她是陛下最宠爱的女人，陛下大概是为她而怜惜啊……这样想着，他就说起了齐姬。想不到始皇立刻摇摇头：

“齐……是朕的故国。唔，这话说来长了，你不会明白的。嬴姓其实来自东方……”

王贲越发摸不清端底了。他口吃起来：“陛下……难道……这个……然而……”

2

这是一场浩大奢华的宴会，咸阳全城都闻到了香味。煮肉的香气直传到百里之外，人们说：今生今世能见到这么一场大宴，死而无憾了。文武百官、乐师、武士，欢聚一堂。乐工高奏凯歌。御前郎将蒙武朗朗笑语，健步如飞，双目在人群中扫来扫去。宴饮间戒备森严，卫士们有的穿了便衣，有的穿了军服，簇拥始皇左右。

赵高说：“有功将士坐前排。”

宴会散去，宫内突然陷入一阵空前的寂寞。始皇问小宦官：“从齐国来的那些异人呢？”小宦官知道陛下又想起了那些儒生方士，心里还在迷恋长生不老术呢。他几次想说：什么去东海里寻找三仙山，分明是些骗子，这些家伙只有一个处置方法，那就是一杀了之。但他不敢这样明明白白说出来，这会儿只是说：“那些异人寻不来仙药，十有八九是吓跑了，这时辰嘛，我估计他们都回齐国去了……”

“唔？有这等事情？你从头说来！”

“这个嘛，反正，反正大街上的方士——那些齐国怪人再也不像过去那么多了，这是千真万确的……”小宦官有些吞吞吐吐的。

“他们是什么时候走的？”

小宦官脸上渗出一层虚汗。他突然觉得以自己的好恶来应付陛下是十分危险的一件事，这会儿赶忙应道：“还有的呀，总有的呀。这么大一个咸阳城，各种怪人都有。他们当中有星相家，会占星术；还有人在炼一种神丹；最让人惊异的就是那个大聊客‘老齐’——这个人对齐国掌故、朝野逸事，可谓无所不晓。你以前不是见过他吗陛下？”

始皇想了想，终于记了起来。他如梦初醒地拍拍脑瓜：“听那个大聊客说话，如同梦呓，实在是荒谬而多趣。”

记得那是一个微雨蒙蒙的下午，一个在传说中被称为“齐国通”的大聊客老齐终于被唤进殿来。这人长得獐头鼠目，样子实在不算雅观。为了遮掩他全身的那股腥膻气，中车府令赵高命人采来五色鲜花。大聊客端坐角落，不停地抽鼻子。

大厅中响起始皇沉沉的声音：“你且说来。”

大聊客叩头，而后合掌道：“微臣如有唐突，还望陛下恕罪。”

“可。”

大聊客闭上眼睛，两手叉起，像沉入深深追忆之中。这样停了一会儿，他以缓缓的语调叙说起来：“咱老齐这人也算个有大口福之人啊……”一句话说得无有边际，一旁的人都吃了一惊，连始皇也愣了一下。但他忍住了听下去。“咱自小喜好奇巧吃物，可谓食不厌精。每有宫廷大宴，吾等必得设法蹭上一顿，口腹大快矣。记得先王三日必有流水长宴，伴有舞乐华裳好不盛大，吾等探头探脑，提一把笛子也就混进去了……”

“唔？这是怎么回事？”始皇终于好奇地打断了他。

“是这样哩，齐滑王这人喜好音乐哩，这跟他爹他爷都差不多，乐队一进宫就乐得翘胡子。我呢，就随上人溜进去了。其实我什么都不会，连笛子有几个眼儿都不知道。”

“哈哈……”始皇笑了。

大聊客老齐被这笑声大大地鼓励了，声音提高了许多：“咱只记着一顿好吃哩！只等大伙儿吹吹打打起来，咱就趁乱往旁一歪，坐到了流水大宴旁，把什么鱼翅海参鲇鱼唇往肚子里扒拉起来……”

始皇眯着眼去看赵高。赵高问：“慢着，你刚才都说了些什么？什么吃物？”

老齐像受了委屈一样吭吭几声：“连这也不知道啊，鱼翅是鲨鱼鳍，海参是长了刺的……鲇鱼唇也是美味。反正都是海里那些有大滋养的东西哩，陛下该弄一点尝尝才好。这些物件一下了肚，不到半天，身上的阳气也就兴隆了，走路有劲爱攥拳，小鸡儿怪精神的……”

赵高笑得身上直抖，一边抖一边用眼角去瞥始皇。他发现始皇由于被这个怪人所吸引，头颅已经往前探了一截。始皇的目光突然眯了一下，接着大惑不解般问道：

“唔，你给我照实说来——你说自己吃过齐湣王的流水大宴，那么你多大年纪了？”

赵高这才猛醒过来，赶忙扳着手指算了起来。还没等算个仔细，那个大聊客就笑了：“我们齐国人活个几百岁也不是什么奇事儿。我爹就活了三百岁。我爹活着时候常讲齐桓公和管仲的事情——嘀呀，我得说，齐桓公更是一个好吃的主儿呀……”

始皇于是不再追究这个人的实际年龄问题，眯着眼睛听下去。

“齐桓公老头儿年轻时候就是个浪荡子，到老了还是那样哩。他喜好房事儿——陛下一听就明白了不是？他最愿吃一些稀奇物件，什么海胆海肠子、鲅鱼丸子胡椒粉；吃起鱼翅来就像吃面条儿，燕窝当成了老母鸡汤一口气就喝去大半碗，还说什么‘寡人就差没吃上一口人肉了，也不知是什么滋味儿’。他这一说不要紧，虽然是半真半假开个玩笑，下边有个叫易牙的小人听了，就回家把自己刚满月的孩子杀了，做了一大碗肉汤端给了齐桓公……”

赵高睁大双眼看着始皇。

始皇鼻子里哼了一声：“竟有这事儿？”

“千真万确，要不说齐国灭亡了嘛，齐国从根上讲就残忍无道啊！齐国的老祖宗们，哼，不是我当着陛下的面说啊，他们比秦国的道德相差十万八千里呢！就拿这其中最有本事的齐威王齐宣王父子来说吧，比起陛下，那也真是九牛一毛，算不得什么。他们这些人个个好色，连齐宣王自己都承认，说‘寡人好色’嘛。陛下也就可想而知了，这都是一帮什么货色……话又说回来，在讲究吃穿享乐方面，他们倒是大有一套的，不像咱秦国，净吃一些羊肉面饼什么的。咱这边，我是说陛下，也该去东边，去齐国那地面上弄点海参鲍鱼回来。”

始皇睁开眼睛：“听说有些长生不老的草药……”

大聊客赶忙拍打头颅：“你看看我就忘了这一截儿。那是自然的了。不过那都是方士们才有的啊。说到方士，陛下不会陌生吧，他们也来咱秦国了不是。齐桓公齐威王，还有下边的一个个主儿，都不是有恒心听忠言的人，他们只知道胡吃海喝，山珍海味不离口，一吃就吃个肚儿圆，哪里还顾得上好好进补药石啊！要知道丹丸这些东西，吃进嘴里是要有些苦味儿的，那些家伙干别的行，就是不能吃苦，于是乎，然而也就……早早地把身子骨弄朽了个的！一天到晚让小妞儿陪着，嚯也夫，一夜一夜不睡，像齐桓公，陛下让我说他什么好呢？”

“你就别卖关子了！”赵高轻声呵斥一句。

大聊客接上：“这个齐桓公把齐国整治得也算兴盛，成了春秋首霸，照理说也是有为之君了吧？可就是为人不齿。这个人是个半吊子……这是我们齐国人的说法，那意思就是，嗯，一个五迷三道的人，一个动不动就瞎胡闹的家伙。这个人压根儿就不像一个国君，有一段时间动不动还逛窑子呢！”

始皇看看赵高，赵高凑上去小声说：“窑子就是妓女待的地方……”

大聊客耳朵极尖，听得明白，立刻大声呼应：“对呀对呀，就是那种地方。想想看，他宫里有多少像模像样的女子，可他还是要往窑子里钻，为了让人认他不出，就胡乱披件衣裳，趿拉着鞋，披头散发的……这都是国相管仲为他办的好事儿。那管仲，嘿，能为大哩，把好大一个齐国弄成了天下最会做买卖的地方，让天下最富的大商人都往这儿跑。什么办法？就是在临淄城里开了七百女闾，按一闾二十五家计算，那要有多少窑子啊！它们都开在了宫里，这全是为了齐桓公的方便嘛。那些大商人，带一辆车的白吃，三辆车的不光白吃，连牲口草料也包了；如果带来五辆车，那还要配给五个女人服侍他哩！这些大商人一天到晚在临淄吃喝玩乐，把天下的财富也就全带到这里来了……”

始皇再次眯上了眼睛。他在心里惊叹这个管仲，同时却又一次想到了自己最佩服的秦国先王的名相：商鞅。是的，如果说管仲治理一个国体靠的是热敷，那么商鞅用的就是冰镇。冷得彻骨，严刑峻法。他们的办法不同，各有一路，但孰优孰劣今天已经清清楚楚了——齐国越来越热，结果高烧不退，把偌大一个东方大国烧迷糊了。想到这里他哼了一声。

“臣接下去，还要给陛下好好讲讲临淄哩。这个地方啊，真是了不得哩，了不得哩……”大聊客擦了擦嘴巴。

始皇摆摆手。赵高立刻对大聊客说：“以后再说吧，陛下还有别的事呢！到时候你听我吆喝就行了。”

东巡·三

1

始皇今天已经是第二次拒绝了齐姬的要求。她想念公子扶苏，提出让他回咸阳一趟。始皇一开始不太明了她的意思，以为她要儿子从此离开大将军蒙恬，从守关筑城的军营那里脱身。齐姬是他最宠爱的女人，而扶苏是他和她生下的一个英俊男孩。他摇头，面色十分冷峻。“我已经两年没见他一面了，昨夜又梦见他了。哪怕他只住一夜，天一亮就赶回营地……”齐姬的泪水在眼眶里旋转。始皇用一连串的咳嗽打断了她的话，也等于是回应了她。

“你就不想自己的儿子？”她一双泪眼凝视着他。

他怀疑是自己从这神色中读出了这声询问。是的，她并没有这样的胆子。他把目光转向了宫墙上探出的一棵侧柏梢头。在离去的一刻，他定定地看了齐姬几眼。多么娇美的面容，岁月有情，不忍摧折这个东方的佳丽。她来自齐国，那个三面环海的半岛之国，当年的她真是明眸皓齿，肌肤如玉。他永远会记得第一眼的印象：稍长的脸庞，丰腴而俏皮的唇，微微陷入眶中的大眼。这与秦国的女人是多么不同啊。公子扶苏的眉梢那儿酷似齐姬，更有性格，细腻、多情，这一切都像他的妈妈。始皇最喜欢的就是这个公子，可是他心里明白，自己将亲手交付一个社稷的男人，是绝不可以生出如此一副柔肠的。始皇想让他保留这副英俊的面容，而身躯内流动的，却要是一脉铁血。也正因为这个，他才让扶苏去了大将军蒙恬的身边。

“陛下，时间到了。”

在小宦官的催促声里，始皇的目光像晚霞一样从齐姬的脸庞上一丝丝落下。他突然在最后的一刻发现了她鬓上有一丝丝银发，心上突地一怔。但他忍住了，沉沉地转身。他觉得自己的身躯足足有一方巨鼎那么沉重。

车辇在渭河南岸行驶，稍有些急促。与往日不同的是，这次始皇只有五辆随车，出行的一套烦琐都降到了最低限度，身边甚至没有带上大内总管家赵高，也没有丞相李斯。今天他要做一件隐而不彰的事情，巨大而微小。巨大是因为性命攸关，微小是指见一个人而已。这个人没有官阶，甚至算不得秦国的子民，只不过是一个风雨飘零之人。据说这个人时下已经二三百岁了，从东方而来。他心里奇怪的是，天下几乎所有的异趣和惊世骇俗之物莫不来自东方。显而易见的是，这个人据奏报所称，可谓异人中的异人了。他言行诡谲，时而狂妄时而羞怯，胆大包天却又谨小慎微。为了慎重起见，始皇让几个内臣与之周旋了数日，又让李斯过目决断，甚至指派几个宦官陪了几日，在沐浴的时候细细观测了这个人的身体。

他这样做的目的很容易理解。几乎半个咸阳城里的人都知道，始皇帝不止一次险遭暗算。那些被秦国所灭亡的六国歹人正在以各种方法实现自己的盘算，那些复国主义者真是顽强无畏、处心积虑到了令人震惊的地步。他们或分布在人流密集的都城闹市中，或隐匿于巡行的路径两旁，甚至在献图时寻机行刺，也就是那次最为惊心的“图穷匕首见”！而在更早的时候，在统一六国之初，始皇对这一切威胁还似乎不屑一顾。那是危机深伏的日子，更有年轻气盛的傲慢，于是也就招致了一次次惊魂动魄的场景。他相信，所有这一切都会留给史官们，让他们在将来去好好地加以描绘。这倒无所谓。

其实始皇对这个来自东方异人的细致观测，也不仅仅是为了规避危险，而是源于一种对生命的好奇。那不是一般的好奇，而是深入到骨髓的迷恋和诧异。他曾经于深夜未眠之时唤醒正在一旁呼呼酣睡的东方少女，让她一丝不挂睡眼惺忪地打着哈欠回话。这时候秋风微凉，少女的乳部因为阵阵凉意而变得僵僵的，也更加可爱，他拍拍它们，开始问起海边上的一些奇闻。这些关于神仙的故事他已经听过了一千遍，但那都是出自方士口中。如今，这些故事由少不更事的女子再说一遍，也就更为有趣，也更为可信了。每听到了高兴处，他就会把她们紧紧抱在怀中，两眼流出了长长的泪水。

在东方，特别是齐国人那里，好像做一个长生不死的人是如此地容易，如此地切实可行。而在西部秦国，却成了一件遥不可及的事情。不仅一般人连想都不敢想，就是他这个千古一帝，尽管费尽心机地揣摩和实验，也仍然不得要领。时间真是快极了，对他来说就尤其如此，每到了面对铜镜的时候，他就会听到内心深处有一个急躁的声音在沙哑地呼喊：快啊，再不就来不及了……

2

与少女同眠，每夜更换一个，这是那些异人的主意。他们说这是长生术的一种，原理既深奥又浅显，比如说水往低处流：始皇年纪稍大，而少女正当青春旺季，生命之流于是就会通过肉体源源不断地补充过来；还有阴与阳的神秘关系，这就更为神妙了……始皇并非是一个好色之徒，对男女事情素来有些平淡，但现在不同的是，这样做显然是出于更为远大的追求，于是只得依照异人的点拨行动起来。日子久了，他才发现其中的真正妙处绝不在于交欢，而是失眠之时的放松交谈。近来失眠是越来越频繁了，这时如果一人独处可真是糟透了。夜深人静，两个人无拘无束地闲扯起来，天南地北无所不聊，一旦忘记了彼此身份，那种乐趣真是不可言喻。少女讲的全是小时童趣，什么逮知了捉迷藏，偷果子钻树林，随上父亲出海，等等。少女讲着讲着就忘了对方是谁在倾听，竟然把腿蹬到了他的肚子上，笑得咯咯响。这是始皇最为高兴的时候。“俺村有个人一百八十岁了，还能挑一担小米上街哩。”始皇听到这里就瞪大了眼睛，忽一下坐了起来。少女一愣神，不讲了。“讲下去，朕听呢！”“他，他爷爷的爷爷，他们都‘仙化’了……”始皇大声追问：“什么是‘仙化’？”“就是成了神仙，过了那界去了。”“‘那界’又是哪里？”小姑娘胆子渐渐大起来，大着声音回答：“连这个也不知道啊？就是海里的三仙山哩！”他的心怦怦跳，却一声不吭。又是三仙山！天啊，就为了这个“三仙山”，朕可是费尽了心机，耗去了无数钱财，至今也还没有摸到它的边缘呢。看来一切都需忍耐些，找三仙山这事儿起码是没有错的。是的，三仙山，这在东部沿海已经成为家喻户晓之事，怎么会是一个骗局呢？

八年前有一个齐国人第一次谈到了“蓬莱”“瀛洲”“方丈”，说是上边有神人居住，那才是神仙境界，结果遭到了丞相李斯的嘲笑，说这是东方诈术，是一些无聊荒唐之人沦落咸阳，想出来的一些卑鄙伎俩而已。当时始皇故意不作决断，只听他们二人当堂申辩，一旁听着也算有趣。那个齐人用眼角偷偷瞥了一眼始皇，从他一双微眯的吊眼上似乎看出了一丝鼓励，于是就大着胆子抢白起丞相。李斯问：“你说的‘三仙山’是否亲眼所见？你所言的长生不死者可有一人到过咸阳？如果不是，如果全是道听途说，必是妄言诈术。”齐人嘴角下垂，鼻尖好像也垂下来，哼了一声说：“世上人谁又亲眼见过阴间？可是到头来还不是都要到那里去遛上一圈；天地神仙没一个跟丞相大人搭过话吧，可您老还不是照样供奉？您当年没有随皇帝封过泰山？这也是听信了诈术不成？”李斯身上一抖。始皇暗笑起来。

那一天晚上始皇宴请了那个齐人。席间他发现这个齐国人好生有趣，三杯酒下了肚竟无所不言，还对陪酒的女子动手动脚。有人怒目相向，都被始皇用目光制止了。齐人悄声告诉他一些养生的秘诀，还当场出示一些浅棕色的丹丸，说这些丹丸都是亲手所炼。“那可花费了咱不少工夫，躲进深山七七四十九天，采来一百五十样妙品冶炼不息，其中还经历了生死大劫哩……”说着竟褪下衣衫，露出锁子骨下边一点疤痕。始皇没看明白，问：“这又如何？”齐人夸张地一奓两臂：“还如何哩，炸了膛了个鸡儿哩……”始皇听他一不小心说出了一句粗话，就笑了。对方恨不得立即就让始皇吞服两粒，一边呈上，一边先自咽了两颗。始皇示意一边的宦官将丹丸收下。始皇在齐人袒胸露背的时候，注意到这人后颈和前胸生了一层密密的黄色绒毛，就忍不住伸手抚摸了一下。齐人半是嫌痒半是羞涩地扭捏着，说：“久服丹丸，看它发了力哩，身上也就旺旺地生了这些。”始皇没说什么。他倒更愿意相信那是东夷人特有的一种多毛体征，这也难怪，野人嘛。

宦官试食丹丸的结果，就是性子躁了许多，可也果真添了不少力气，他们没事了就举石头玩，再不就蹦蹦跳跳。问其感受，有的说饭量更大了，有的说想把地上踹个窟窿，反正满身有了使不完的劲儿。始皇于是就想亲自试一下丹丸了，赵高却阻止说：“还是让臣再试一下吧。”

赵高的忠诚每每让始皇感动。感动之余就是慢慢等待。十余天过去了，赵高腆着大大的肚腹过来了，跪下奏报：

“陛下，臣试丹一十三日，自觉下腹发热，双目有光，两腿轻捷；还有就是，腹股沟冲腾出一股胀力，净使横劲儿；平日里臣牙口不好，而今敢于咀嚼硬物了。”始皇大悦。

始皇开始吞服丹丸。一切如同赵高所言，初食丹丸，浑身都是力气。有一次他抓起一个石礅，轻举过顶，抛下时砸地一个深坑。他立刻封了那个方士一个官位，并赐以黄金。可是接下来情况就不那么乐观了，非但依旧无力，面对铜镜，他还发现自己正急剧衰老，面色暗淡，皱纹加深，头发也开始发白了……

这是他第三次来到六英宫了。他在这里会见那个二三百岁的仙人。此人银须飘飘，一双眼睛陷得很深，乍一看就像一个不久于人世的家伙。可他一开口就是“齐威王对我说……”“齐宣王见了我时……”诸如此类。以此推算，眼前这个人真的有二三百岁了。说到始皇曾派方士去东海探寻三仙山的事，老者马上首肯，说这是个不错的主意。始皇更正道：“哪里是主意啊，那些人都走了好几年了！”“有音信乎？”老者神秘地探过头颅问道。始皇摇摇头。老者痛惜地拍打膝盖：“这就需要陛下亲自去那里看一看了……”

一连多少天，始皇与老者谈论的都是怎样亲临东方；他们细细谋划起东巡的大事。

东巡·四

1

始皇所行之处，旌旗如云，遮天蔽日；车队十里，烟尘四起，齐鲁东夷，一片喧嚷："来了秦王，来了秦王！"方圆几百里的人蜂拥而至，纷纷爬上土岭山丘，遥遥观望始皇的车队。

车辆飞驰，快马加鞭。

"俺从来没见过这么快的车马。"有人说。

"他们为什么急急匆匆，像被什么追赶一样？"有人又问。

一个族长模样的人说："呸！秦始皇勇力过人，四海都平定了，谁还敢追赶他？"

一个后生指着慌慌东驰的车队说："你看，如果不是被什么追赶，它怎么能跑这么慌急？"

族长又斥一声，后生不说话了……

始皇坐在一辆最大最华丽的车辇中，双手叠起，口中喃喃，小宦官坐在一旁。始皇眼也不睁。

小宦官咕哝着什么。始皇仍不作声。停了一会儿，始皇嫌车太慢，吐出一声：“加鞭。”

小宦官喊：“加鞭！”

车子都快颠散了。

小宦官想起什么，说：“报告陛下，听说莱夷之地有坚硬木材。”

“什么木材？柞木吗？”

“比柞木还要坚硬十倍，名叫川榛，坚硬如铁哩。”

“噢，用它做车轴好哩。噢。”

“有一种树木比川榛还要坚硬十倍，它叫坚桦。”

始皇说：“到了莱夷之地，所有车辆皆换坚桦做轴木。加鞭。”

车队急驰而去。

一群乌鸦追逐着，围着车队盘旋。

李斯和赵高的车子紧追几码。他们在始皇车前驱赶着那些乌鸦。没有用。乌鸦嘶哑乱叫，仍然围着车队飞上飞下。

李斯对赵高说：“陛下如果看见，必定心烦……”

赵高抓起弓箭要射乌鸦。可是那弓箭太大了，他拉了两下没有拉开。李斯一笑。赵高有些恼火，把弓扔到一边，又唤人取小些的弓来。大家吆吆喝喝，一起去射乌鸦。

没有一只乌鸦中箭。

“黑鸦甚刁！”赵高说。

李斯瞥他一眼，抓起一旁的牛角号，迎着空中呜哇呜哇吹了几声。乌鸦散开了一点。

车队疾行十天，穿过鲁地、齐地，到了东莱。有人报告始皇：

“到了莱夷。”

始皇直奔东海、琅琊。

浩浩车队向东，马不停蹄。

“陛下行宫到了，歇一歇吗？”

始皇咳一声。车子停下。

中车府令赵高吆喝兵士从车上往下抬东西，又在车前铺上厚厚的毡垫，扶着始皇走下来。始皇颠簸了一路，有些气虚，额头上渗出一层虚汗。小宦官用真丝手绢给始皇擦了额头。

行宫里摆了很多漂亮的真丝制品。始皇知道东莱人善骑射、会养蚕，这是当地的特产。他撩起那些真丝制品看了看，一阵赞叹。案几上还摆放了各种各样的彩色贝壳。有一种斑贝光滑如镜，用手摸一下，清凉芬芳。他端在眼前反复查看。

赵高说："这是花贝。东海之滨遍地皆是。"

始皇"哦"一声，将它放在案上。

始皇在行宫里一连住了几天，吃尽海味。刚开始略感腥臊，到后来又觉得鲜美无比。赵高唤来一些夷地美女，她们一个个长得身高马大，皮肤鲜亮，光彩动人，远比咸阳之地的女子多几分姿色。赵高让她们排成一行，像检阅兵士一样在前面来回走动，偶尔拍拍她们的肩膀，扯起手来拍打一阵。美女们一个个神态安详，并不媚笑。始皇在一旁看了，心中惊讶。

一个美女说："俺这地方的闺女一般都是讲个'自愿'的。"

赵高说："'自愿'不好。不要讲'自愿'了。"

美女们再不作声。

赵高问："你们为何长得这等光润？"

美女答："俺们长年吃些海藻贝类。"

始皇心里说：噢，光滑如贝，怪不得呢。可见临近大海，利多弊少。仙风吹拂，人必长寿。

他连连叹息，惊羡不已，忽又闪过一个念头：该在这莱夷之地建成第二座国都，一东一西，与咸阳遥遥相对，岂不快哉！如此海内必将更加安定，两处要地，朕派心腹爱将据守一端，只由快马飞报即可……

在行宫歇了五天，车队一直驶向琅琊台。

始皇命李斯取来笔墨，亲手写了几个大字。李斯模仿始皇，不停地挥笔。一会儿一篇雄文草成。始皇命令唤来石匠，将这碑文刻在大石头上。这样，天之一角就留下了始皇永久的踪迹。

2

始皇登上石台观望东海，心潮如海浪般翻腾汹涌。他命令赵高在两日之内唤来当地所有的贤达、方士、儒生。两天过去了，琅琊台下果然出现了一大帮方士、儒生和贤达。他们各个阶层的人都有，操着不同的语言，穿戴更是五花八门，看上去颇不整齐。有的穿了丝绸锦缎，上边还坠了光滑的贝壳，有的戴了四方小帽，有的把头发扎成一束。奇怪的是还有人背着宝剑。始皇让人把背宝剑者唤过来，问：

“你来这里还敢携带兵器？再说很久以前朕就命令尽收兵器以铸金人，你的宝剑又从哪里来的？”

这人是一个儒生，说话嗓子有点尖："禀陛下，我们远在天涯海角，陛下的命令没有抵达哩。"

始皇一惊："你住在哪里？"

"我们住在琅琊以东一千二百里的蒿莱岛上。"

始皇听他口音有些怪异，就信以为真，不再询问。不过他心中暗暗吃惊——竟然有一块土地还在朕的威力之外。他问众人：

"知道唤你们来干什么吗？"

大家面面相觑，难以回答。其中有一个方士双手高举过顶，原来手心里握了几个绿色丹丸："早就盼着陛下啦，献上仙丹。"

始皇命一旁的小宦官收下仙丹。

又一个儒生说："陛下来此是倾听治国之道、采纳百家之言。"

始皇说："唔！"

另一个儒生说："闻听陛下威力无边，四海膺服。要保社稷长治久安，必得采纳百家思想，择其精华……"

始皇说："唔！"

稍顷，始皇轻轻招了招手。赵高登上高台，站在一尺之外。始皇鼻子里哼了一声，赵高咽一口唾沫，急急背起了律条，一口气背了二十多段。稍停，赵高说：“这都是秦国法律，一切行为皆要依据法律，百家之言必须废止。”说着提高了声音，“这次传你们来，就是让你们到东海去采长生不老之药，限你们半年时间将药采回。时辰一到，当唤尔等。采到药者，陛下有重赏；藏匿仙药，故意拖延，等待观望，虚与委蛇者，斩！”

下边一片沉寂。

大约停了一刻，有一个白面书生走上前来，喊一声“陛下”，并不跪地，只施了鞠躬礼，不急不躁说道：“陛下，俺明白您的意思，也知道那药儿在东海之中、三仙山上。”

“那又怎么？从头道来！”

“要到三仙山必得心藏经纬，善观星相。一句话，得是个有大韬略的能人哩。”

始皇“唔”了一声：“你们当中有谁堪当此任？”

“我们当中是有一个那样的人儿，可惜他没有来哩。”

“嗯？”始皇细长的双睛飞快闪动，“他是谁？故意回避不成？”

“禀报陛下，不是回避，实是不知。不知者不为罪也。那个人就是有名的大方士徐福。他是‘百花齐放之城’——思琳城人也，平日里只专心攻读，不闻窗外之事。”

始皇愣了一下，问一旁的李斯：“东海边疆还有这样一座城市？百花齐放？”

那个书生未等李斯回答就说：“禀报陛下，在下说的‘百花齐放’，不是真的鲜花遍地，而是说那座城里聚集了天下最有名的学问家，在那里可以议论横生，辩理驳难。”

始皇忍住了什么，让车队在琅琊台驻扎下来。

两天之后，有人禀报说：“思琳城的那个徐福来了，求见陛下。”

始皇整一下衣冠，让人传徐福。

小宦官撩开厚厚的丝绒门帘，一个细高身量的人弓着腰钻进来。原来那门开得太矮，它是照咸阳人的身高开的，而东莱人个个身材颀长，所以进门时不得不弓腰。

徐福进门后立刻叩拜。

始皇赐坐。

徐福端坐一旁，昂首挺胸，始皇这才看清了他的模样：这个人打眼一看就是一个儒生，面皮白皙清瘦，胡须经过修饰，眉毛浓重，双眼雪亮。始皇盯着对方的一双美目问：“你是思琳城的方士吗？”

“在下正是。”

“你知道朕东巡莱夷吗？”

“在下刚刚听说，故急急赶来，求见陛下。”

“你多大年纪啦？”

“三十八岁。”

“听说你稔熟航海之术，不止一次抵达了三仙山？”

徐福施一个礼：“禀报陛下，在下并没有真的踏上三仙山，只是遥遥观望而已。此地东临大海，气象万千，春夏天景常常出现仙山奇观。”

“唔？”

“风和日丽之时，熏风阵阵，只听到一阵仙乐隐隐飘来，而后海天一色，出现幻景，仙人境界历历在目，男耕女织，车船悠悠，好一派仙苑风光啊。”

“平日里怎个不见？”

“平日里有凡俗之幕将其掩去，每当仙境施行祭祀大礼，方闪开帷幕一角，我等凡人才得一窥。要取长生不老之药，须备好龙船千乘，然后耕波犁浪，献上珠宝，方能取来仙药。”

“朕命你走一趟何若？”

徐福再次施礼：“陛下如此信任，在下万难不辞。不过可得给臣一段时间啊。我还要打造车船，征集海工。水道艰险，天有不测风云，这实在并非易事。”

始皇思忖片刻，一一应允；遂又召来中车府令赵高、丞相李斯，命他们一切皆依徐福开列之清单，不得有误。

当夜始皇留徐福宴饮，席间细细询问三仙山及长生不老之药，还有那个“百花齐放之城”的一些情形。两人晤谈甚快。

3

始皇东巡，除了看到万顷碧波，在琅琊台下刻了手迹之外，别的什么也没有得到。他渴念的长生不老之药，暂时还没有踪影。不过他相信以徐福为首的一群方士会为他办成这件大事。

东巡之日，赵高和李斯几次向始皇建议，这一行人马该亲自到那座思琳城去看一看。因为大学者淳于髡、邹衍这些举世闻名的人物，甚至还有韩非子的老师荀况，都在那座赫赫有名的城里讲过学。也就是这些人议论横生，指点江山，声名传到千里之外，传到了当年的咸阳城。这样一座名城差不多就在脚下了，为什么不去亲眼看一看呢?

始皇寻思再三，最后还是拒绝了。

离开莱夷的前一天，他只在睡梦中到过那座城邑，还闻到了一种浓浓的芬芳。原来他站在鲜花之中。这些鲜花竞相开放，有的紫红，有的浅黄，有的碧绿，有的甚至是浓黑。它们由苍翠欲滴的叶子衬托，在朝阳下露珠闪烁，如珍珠一般熠熠生辉。好一座“百花齐放之城”。三三两两的儒生们一边谈论学问，一边在花间走动，有时还顺手给花儿松松土。始皇知道，这完全是得力于气候和土壤的关系。因为在那座干燥的咸阳城里，就不可能长出这么一片绚丽的花朵。他醒后痛苦地闭了闭眼睛。大约只一会儿，复又睡去，这一次梦见一片黑压压的动物蜂拥而来，它们牙齿咬得格格乱响。近了，原来是一大群老鼠。这群老鼠多得可怕，如涛似潮，像海浪一样涌来。顷刻之间，鼠群退去，留下的是一片可怕的惨状：一地鲜血，一片残渣；鲜花没有了，到处一片狼藉。鼠群把花梗花叶全部噬尽。这里成了一片白茫茫的泥土。

始皇吓了一身冷汗。小宦官被惊醒了，坐在旁边看着始皇惊恐的眼睛。始皇觉得那群老鼠格格的磨齿声还在耳畔响个不停。他坐在那里，若有所失，这时想起了什么，让小宦官立刻去传赵高。

赵高没来，却传来了娇滴滴的声音。原来那些美女们被半夜推拥起来，来不及稍施脂粉就来陪伴噩梦初醒的始皇了。始皇未睁眼睛，就像打坐一样待在睡榻上。他嗅着青春的气息，粗大的指关节一下下颤抖，喃喃自语，突然睁开眼睛问一个小妞儿：“家住何方？”

美女们一个个你推我搡，哧哧笑。这个说俺爸种桑，那个说俺妈织布。那个小美女说，她爸是个小官吏，不大不小，掌管一百四十八户粮草税收。说俺爸把这些东西征给官家，官家再送给陛下；陛下使了它就心情愉快哩。

始皇问：“你们谁到过思琳城？知不知道徐福这个人？”

她们争先恐后答：思琳城？谁不知道思琳城？歌里唱道——

渤海之滨思琳城

夜夜朗朗读书声

……

始皇一声不吭，而后说：“我要和你们一起赶回咸阳。”

美女们听后个个哀伤。远离故土，远离东夷，远离思琳城，特别是远离了大海，在这湿润清爽的空气里长大的美女，一旦到了干燥的咸阳城，就会像开败了的花朵一样。

……

东巡·五

1

始皇在一天之内更换了五处宫苑，还是无法安睡。他听从那个二三百岁的方士所言，将宫内所有的窗户都用黑布遮起，不透一丝阳光。这样做的目的是求得一种隐秘的效果，以便等待神仙降临。方士言之凿凿，说如果陛下与宫内凡俗之物混在一起，神仙会厌恶的，这种厌恶将使其远远地躲开。始皇虽有些将信将疑，但暂且还是依照他的话去做了。他一开始还以为方士既然足有二三百岁了，本身也就是一个仙人了，谁知有一次刚刚流露这样的意思，方士连连摆手说：“不可，不可也！吾等本行走于求仙之途，只是长寿而已，何敢轻言长生？说白了，不过是多活了几年而已，离真正的神仙还差十万八千里呢！”始皇听了此番言语更是钦佩，于是不再犹豫，一切都按他的指点细细做起来。

由于连夜失眠，始皇只觉得脚下无根，走路踉跄，两眼视物迷迷茫茫。最初他还以为这是接近了神仙境界，后来因为不止一次眼前发黑，这才觉得不妙。御医来到，号过脉后又看舌苔，连连呼叫陛下，眼里泪花闪烁。御医开下的都是滋补镇静之药，说陛下万不可再吞服丹丸了。就此，那些花花绿绿的丸子也只好暂时搁置起来，可唯有百岁方士的晤谈让他从心里受用。他心里最牵挂的还有徐福，不知这个人准备得如何、能否尽快出海？他预感到徐福这一趟东海之行，极不同于五年前的那些方士，他有理由期待那个重要的回音。

在这些日子里他还要关心一下自己陵墓的修造情况。这在过去是一件带来极大快乐的事情，可是自从迈入四十六七岁之后，仿佛一切都变化了。他以前从未怀疑过另一个世界的存在，今天也不会否定；只是他越来越不愿意想象那样一个世界了。与前几代秦王不同的是，他在即位的第二年就开始了自己陵墓的修造，这是一个极为漫长浩大的工程，直到几十年过去，一切仿佛还看不到收尾。原来的计划不断得到修正，从巨大的墓室到陪葬品安放，从地宫主体到周边设施，都一再地突破原有的规模。这当然是一个逐步扩展的过程。因为无论如何，地下的一切还是比地上的要少得多，简直是不值一提。但如果悉数复制地上的宫苑，也显然是不可能的；更有众多的宫妃和随从，也不会一一跟他到另一个世界里去。那里必将是一个黑暗的天地，这正是他一想到就不快、甚至是越来越恐惧的原因。为此他专门叮嘱地宫执掌者：要设置一种永不枯竭的长明灯，要以人鱼膏为灯油，以水银为江海。为防止有人进入地宫，他特别让他们设计多处暗藏的机关，任何大胆之徒一旦走近半步就会立刻被射杀。他心里明白，自己迈入那个世界的同时，必有宫女妃子、甚至是一大批臣僚跟随。对后者来说，他们当中的大部分是不会高兴的。可是这也由不得他们了。

不断有陵墓进展情况的禀报。这是他极为厌恶的信息。这等于在向他发出一种可怕的催促。后来他索性将禀报者一次次拒于门外。执掌陵墓大事的大臣吓坏了，他们害怕造成失职，会引来杀身之祸。不得已，在其一再恳求之下，始皇只好将亲自审定过目的权力交给了中车府令赵高。赵高欣然领命，从此这一烦人至深却又难以推诿的重大事项总算有了着落。那个世界的事情尽管重要之极，还是让别人可着劲儿折腾去吧，朕真正关心、感到最为迫切的，还是眼前的这个世界。比如说徐福船队的远行，就时刻挂在朕的身上。

也就在这样的时刻，突然发生了一件不祥的怪事：那个常常与之晤谈的百岁老方士失踪了。这怎么可能呢？如果这个方士不是逃匿而是死于宫廷暗杀，他心里倒还安定一些。问题是那个家伙真的是逃匿了！因为事后有城门将士报告：一个银须飘飘的老者出城去了，理由是要回东海那里取些东西。这种不辞而别显然凶多吉少，结论只能是背弃，或更大的诈术和阴谋之类。他为此深深地不安起来。他心里明白，宫中对方士异术一类事情烦言甚多，只不过极少有敢于当面陈言者罢了。如果这个百岁老方士逃走的消息一旦传开，必会是十分令人尴尬的事情。

一连多天，懊恼让他不知如何解脱。与此同时，关于儒生方士的更离奇的传闻又沸沸扬扬了。

2

他以前做过的一个梦又回到了脑海：那个鲜花盛开的城郭中突然奔涌着一群什么……这些东西渐渐近了，他才看出是一群老鼠，它们长得十分肥胖，就像一头头乳猪，皮毛黑得发蓝，蓝得发紫。眼见得这群硕鼠淹没了整个鲜花之城。一阵咔嚓咔嚓声之后，遍地鲜花没了，繁华的城郭之内什么都没了。他觉得此梦正向他昭示什么，让他很长时间咀嚼这个梦境，展开了无限的想象。他觉得自己平生最恨的，就是极想尽快去做而又不能为之的麻烦；他从来都是意到手到，手到事毕。可是这一次他却向自己的另一种欲望妥协了——就因为徐福他们一伙，因为那些方士所肩负的采药使命，而不得不遏制自己。他一直在想那个逃离的百岁方士，这时毫不怀疑这个老家伙就隐匿在这座城市。他们在这样敏感的时刻聚集一起，意欲何为?

有一次在梁山宫，始皇凭高览胜，突然看到山下正行驶着一个庞大的车队，好不威赫。稍稍震惊之余，他问了问，这才知道是丞相李斯出行。他当即表达了心里的不快。谁知不久就有人将他的话报告给了李斯。整个事件也许不大，却足以给他警醒。由于一时难以找到那个向丞相通风报信的家伙，一怒之下，他就将那天梁山宫中跟随左右的一群人全部处死了。

中车府令赵高说得好："陛下之威无所不在，陛下之信无所不在，陛下之法无所不在，陛下之力无所不在。"

那些得到宠幸的妃子攀附、取宠，有时也不免撒娇。始皇用食指点点她们的脑门，她们就恐惧地微笑。她们说陛下的手指就像宝剑一样锐利。他认为女人有着奇怪的理解力和洞察力。他有时真想在她们面前诉说心中的委屈、各种各样的欲望，甚至是一些微小曲折的想法。他呼吸着她们的芬芳，倾听着她们的窃窃私语，与她们一起等待雄鸡鸣唱。

她们说："陛下啊，您的雨露普降全国；您是甘泉，永不干涸。您的恩泽就像咸阳城南那个有名的温泉一样，汩汩流动，而且冒着热气。"

他不动声色地听着。不过当他的脸转向铜镜时，就立刻发现了无光的肌肤、起皱的面皮。他似乎听到了她们隐而不宣的一句话：你没有征服的东西还有日月辰光，你挡不住时光的脚步，它将把你缓缓地磨碎、磨成粉末，磨得什么也剩不下。狡猾的妃子只是这样想，未敢讲出来。如果讲出来，愚蠢的陛下也许会把所有表示时光的东西——比如滴漏日晷什么的，全部砸成屑末。可是尽管如此，最后化为屑末的只会是他自己，而不是时光本身。时光是无形的、无孔不入的、无时不在的，时光是真正伟大的。它甚至比太阳海洋月亮星斗，比这一切都更加伟大。它的伟大是因为它没有形状，也没有规模，它只是一个无限。

她们知道自己仅仅是时光老人派来的一些小小的、微不足道的尘埃，这会儿轻轻地撒在一位皇帝身上，遮盖他青春的光泽。她们不像皇帝一样害怕时光。她们兴高采烈，从容优裕。

始皇有一次忍不住对丞相李斯谈起了那个梦境，李斯沉默了一会儿说："昼有所思，夜有所梦，不足为奇。陛下很可能听了那些儒生吟唱《硕鼠》那首民歌，这才浮想联翩，演化出这个梦境来。"

始皇不语。那些儒生们唱起歌来摇头晃脑，那些齐国稷下学宫的谬种也混迹在咸阳城里。他知道这都是不祥的种子。那些门客儒生方士们谈论起治国之道、带兵之方，研磨起什么"万民安乐之法"，真是令人愤怒。

他与李斯在宫内长廊里散步。对于这个丞相，他可从来没忘对方的出身：一个写过简刻过书的人，装了一肚子墨水，有韬略，有各种各样的念头。令始皇不安的是，李斯的念头常常要取代自己的念头。不过他实在需要有这样的一个人陪伴左右。有时他真的不知道，对付此人应该用卢鹿剑，还是应该用一杯甜酒？不过有一点他是记得的，那就是决不让李斯接近女色。他知道，清苦而严谨的生活极有助于规范一个人的思想。一旦李斯怀中也搂抱起那些润滑的肌肤、香喷喷的脂粉，这就好比在他思想的部件上擦了润滑油一般，那副脑瓜就会愈加活络，说不定还会谋反、篡位呢！

他们走在一起时，始皇的眼睛闪来闪去，就在思虑这样一些奇奇怪怪的问题。他想起了一句缠绕自己的老话，不禁脱口而出："丞相，你看这世上最难征服的东西是什么？"

李斯“嗯嗯”两声，没有回答。因为这个问题太难以回答了。他想啊想啊，想个不停，后来说：“陛下，臣想起来了，但不知当讲不当讲……”

“但说无妨。”

“是啦，是啦。我想来想去，觉得最难征服的，还是人脑壳里的东西……”

“唔？”

“是这样，世间颇有些乖张怪戾之人，比如博士淳于越他们，比如那些儒生方士们。他们的脑子日夜不停，各种念头都在里面旋转；但他们只是不说，危险就在这里。”

始皇看着李斯，目光阴阴的。

“我在想，这才是最难以征服的。脑瓜里的东西愿怎么活动就怎么活动，滋生一万条奇怪的想法，任何人都无法约束它们。陛下不能够让它们像大将王贲带领的兵士一样，令行禁止。这就是臣所能告诉陛下的忠言。”

始皇点点头：“那个老方士逃去之后，你听到过什么议论没有？”

“臣，臣不敢说……”

“照实说来。”

李斯抬起头：“那好吧。咸阳城里的方士儒生们借这个事件摇唇鼓舌，说什么陛下是一个德行低劣的人，这辈子都别想靠近神仙一步，无论怎么着急都没有用；那个半仙之人正因为失望了，这才愤而离去……”

3

始皇发现自己的嗓子突然有些沙哑。他对李斯说：“你去办吧，弄明白他们脑子里转动什么，然后，让他们停下来——”

“可是，臣，臣用什么办法呢？”

始皇不屑于回答，说完马上转身走开了。李斯久久地僵在那儿。

不知过了多久，他听到了脚步声，抬头一看，见赵高正从十几步远处走过。他快步追了过去。

李斯简单复叙了皇帝的旨令。赵高笑着说：“这也没什么难的。”说着就咕哝出一套奇特的办法。李斯将信将疑地看着对方。赵高说：“不信你就试一下！”

李斯回到府中，立刻找来御史大夫，说：“从今以后，你帮我做一件要事吧：每天早晨捧一个金盘，到七十博士当中走一圈儿，告诉他们，每天清晨必须将一夜所思所想，如数放进盘中，不得藏匿。你要把它们原样端回来。”

御史大夫作难地搓手：“所思所想乃无形之物，如何托在盘中？”

李斯像始皇那样，不屑于再说什么，只转身走开。

从此每天早晨，人们都看到御史大夫身后跟了一个小童，小童端着金光闪亮的盘子到博士儒生们中间去了。所有人战战兢兢、又是异常郑重地把自己的所思所想，向这两个人倾吐出来。

转过一圈之后，他们就来到丞相府，盯着空空如也的盘子说：“禀告丞相，一切都装在了这里，容我们一一道来……淳于越昨夜里想：添置一个玉环佩在衣衫上。”

李斯鼻子里吭一声：“这也平常。”

“还有人想逃到高句丽一带地方，若是美妙，就再也不回了。”

李斯一愣，且忍着听下去——

“还有人想……”御史大夫吞吞吐吐。

“照直说来，不必晦涩。”

“是啦。他们还想……还想靠近一下妃子。”

李斯一下睁开了眼睛：“大胆！”

接着，御史大夫又背述其他一些奇奇怪怪的东西，什么“想养一只金丝鸟”啦，“想和皇帝一起狩猎”啦，“想与女人厮混”啦，“想偷一点儿东西”啦，“想一口气写三车竹简”啦，“想替陛下制订安邦方略”啦。还有人想赤身裸体到咸阳城里走上一遭，等等不一而足。

李斯说：“了得！了得！实在了得！”

就这样，每天御史大夫都将众儒生所思所想择其要者报告丞相。久而久之，他对各种人的心思全部掌握，只不置评。那些儒生博士们也就放肆起来，各种想法五花八门，应接不暇；再到后来，竟然让人难以置信——比如说其中一个方士甚至要练习一种吐纳之法，白天吞下月亮，晚上吞进太阳，循环不止，以求永生。另有一个博士流氓成性，满腹才子佳人，还幻想着将自己变成一位美女，招摇过市。特别是一位年长博士，竟然死灰复燃，又一次想废郡县立分封，和王公贵族打成一片，而且还要将渔盐之利归还东夷。

李斯害怕了，找到赵高说：“你看，这些人闲来无事，必生事端；种种想念如此恶毒——究竟有什么办法，才能让他们的脑瓜不再活络转动呢？”

“我倒有一个办法，不知可否……”

李斯直着眼睛倾听。

“吾闻咸阳街头铁匠那儿，会打一种铆钉，那种铆钉一端尖尖，一端粗粗；它即可拴住活络东西。”

“你的意思是……”

“那些儒生方士们脑子里像抹了油一样活络，要将其止息委实不难，那就是从后脑那儿贯入一根铆钉，铆紧之后它们也就不会转来转去的了。”

李斯身上一阵发冷。他此刻突然想起了当年的韩非。

韩非是一个雄辩之才，能写出华采文章。始皇未见其人先闻其声，曾经说过：朕若能与韩非见上一面，死而无憾。后来韩非真的来了，也果真博得了始皇器重。李斯发了嫉心，谗言不断，说韩非在儒生之间多有蛊惑，必乱朝纲……讲来讲去，始皇对韩非陡增厌恶；再到后来听韩非讲话，句句都不顺耳，找一个罪名就把他杀了。可是斩了韩非始皇若有所失，后来竟悔疚起来。因为有时候他想找人谈谈，总是最先提起韩非。

想到这里，李斯就要对赵高的主意再琢磨一下了。

东巡·六

1

谁见过中国第一位大皇帝的车队？谁见过千古一帝？始皇第二次东巡，浩浩荡荡的车马刚驶出渭河大平原。恭候在驰道旁的守军将领注视着眼前斑斓的旌旗，突然呼喊道：“陛下！陛下！”兵士们也一齐举起刀戟呼喊起来。声音震动四野，把车上打盹儿的始皇吓了一跳。他猛地睁眼，出了一头冷汗。小宦官赶紧取一个毡子给他围上。他咳嗽起来，吐出的痰带着血丝。

始皇想：我是被自己的声威吓着了。他动动手指，接着又打起了瞌睡。

那个领头呼喊的将军被就地斩首。随行的兵士鸦雀无声了。

始皇不一定什么时候醒来，兴致好的时候会问：为什么一声军歌没有？一声呐喊也没有？这像朕的车队吗？

始皇一路忍受着颠簸。小宦官一直侍奉在身侧。始皇听到了哗啦哗啦的声音，问："到东海了吗？"

"禀报陛下，琅琊还远着呢。"

"我怎么听到了呼呼的海浪声？"

小宦官告诉："那是车队正经过一片丛林。"

"丛林？这儿离琅琊还有多远？"

"禀报陛下，还有四百里。"

"区区四百里，"他一边嘀咕，脑子里一阵划算：用这片树林造船，那是最合适不过的了。他咕哝一句："船……"

"陛下，这里没有河，造了船也没法入海。"

始皇睁开眼，伸出无力的手指："开一道河。"

小宦官让身边的人记下来：开一道河。

这时李斯、赵高的车子都驶近了，始皇摆摆手。车窗的帘子打开。始皇轻声说话，小宦官再高声传递出去："有蒙恬的消息吗？"

李斯大声回答："禀报陛下，他督修长城，已剩下最后一截了，马上就要大功告成。"

始皇点一下头，咕哝一句。小宦官喊："扶苏怎样了？"

扶苏是始皇的长子，前些年被始皇遣到边关，随同蒙恬大将军督修长城。人们估计他十有八九要继承皇位。赵高一听到扶苏两个字，肥厚的嘴唇就使劲儿歪向一边，好像牙疼一样。李斯不知怎么回答好，半晌才说："公子尽心尽职，勤勤恳恳。"

始皇闭上了眼睛。

扶苏相貌堂堂，文韬武略皆备，曾是始皇和齐姬的掌上明珠，只可惜与那些摇唇鼓舌的儒生混在一起，进而也效仿那些人，对时政横加议论。始皇有时看着气宇轩昂的公子，不知该疼还是该恨。他抚摸着儿子的后背，拍拍结实的臂膀、圆乎乎的臀部，心中有一种奇怪的感觉。他发现儿子长得如此俊美，而且小小年纪就蹿了这么高，将来必定比自己伟岸。他很想把身边的卢鹿剑即刻授予公子，但后来还是忍住了：这个举动无异于告诉国人，继承皇位者必是长子扶苏。

马蹄嘚嘚，车轮辘辘。东巡途中实在太寂寥了。沿途郡守都跪在路旁迎接始皇，他高兴了就停车搭讪几句；不高兴连看也不看。

有一天行至路口，只见两边旌旗飘扬，不见头尾。好大的气派。他不由得让人把车队停下。下面禀告说：这是某地某军的将领在此恭候，已经两天两夜了。始皇传那个将领过来。那个人一步一礼，踉踉跄跄，全身颤抖。始皇待他跪地仰脸时看了一眼，立刻生出一些厌恶。这人黄色面皮，脑尖颈细，一双眼睛骨碌碌转，看上去邋里邋遢，连崭新的将服也遮不去一身窘迫穷酸。始皇问了他的俸禄，更是大惑不解。他享受厚禄，又被一班人侍候着，饮食精美，竟养不出一副官相。“有无疾病？”回答说“没有”。始皇又问他每天看多少竹简？每月在军内巡视几次？回答都吞吞吐吐。显然是个懒惰之人。没有疾病，俸禄丰厚，又不勤政，还成这样一副模样。这家伙一定是个酒色之徒。始皇嘴里吐出一声“哧——”

那个人吓得瘫软在地上。

始皇走下车辇，踏上一个高坡。士兵们一起呼喊“陛下”。这时候小宦官看得清楚，始皇脸上又闪出了光泽，一双眼睛威风凛凛，一下子年轻了十几岁……

2

琅琊总算到了。始皇命令安营扎寨。十里军营搭起来，好不气派。人们都说：始皇在此又筑起了一座咸阳宫殿。那些郡守们慌慌张张，再次奔跑起来。他们运来了大宗当地美食，又载来数车美女，并让她们打扮得如花似玉。始皇日思夜念的只是三仙山和长生不老药，对丰盛的物质和所有花花黧黧皆视而不见，只颁下旨令，让那些寻药的儒生方士尽快到琅琊台下集合。

两天过去了，那些儒生才拖拖拉拉来了几十个。

赵高不得不让兵士们挨村挨户去把他们找来，说是始皇“有请”，实际上扭着胳膊，从后边推拥着把他们驱赶到琅琊台下。这些儒生抛下手边诗书，别了父母，泪水不断，因为他们在这个季节里都要忙于攻读。有的方士从石缝里采得一两株奇怪的花草，就在屋檐下晒干，这一次勉强呈上来。

琅琊台下渐渐聚集了五六百个方士儒生，就剩下徐福——那个思琳城的著名人物没有到场——始皇有令，对徐福及其同僚不准骚扰。

儒生方士们住在琅琊台下的帐篷里，十分拥挤，吃着简单粗糙的菜肴，不停地抱怨。

始皇让李斯赵高他们一一询问，得到的讯息却令人失望。那些儒生方士们根本就没有出海的计划，也没有什么上等良策。始皇心生厌恶，不再谈论寻仙一事。

这一天有人急急来报，说儒生方士们已经待不住了，前一个夜晚跑了三十多，第二天又有一百多个逃走了。始皇火起，“砰”地拍了一下案几：“留下的儒生方士悉数捆绑，跑走的，速速捉回！”

一连十多天捕人。有的儒生方士吓得乘船往海上逃去，有的已经上了船又被追回。不过最终还是有不少人逃到了海上……

始皇命令把所有儒生方士悉数带到琅琊台下，在沙滩上捆绑示众。卫士们把他们像拖东西一样拖出来，不论年少年迈，只用绳子拴成一串。他们喜欢清洁，脸部修得非常干净，即便在这些天的恶劣群居中，也还是尽量把自己打扮得整齐；哪怕只搞到一点水，他们也要洗一遍身体。面对这些如狼似虎的兵士，他们大多都能昂首挺胸，神色坦然。士兵们把他们拖倒在地，但一有机会站起，他们马上就把衣衫上的泥土扑打干净。

四面八方的百姓都被驱来。赵高和李斯让人点了三堆大火。赵高登上高台，先是背了几段秦国律令，然后颁布罪行，说这些儒生方士极为狂妄古怪，是谋反之源。李斯站在一旁。赵高提高了声音：“敢于议论时政，谤毁陛下者，罪不容诛……”

接着他命令把几个最年长的儒生扔进了三堆大火里。

四周百姓吓得哭起来，他们一齐跪下求饶。卫士们用宝剑指着跪下的人，让他们沉默下来。

这时儒生当中有一个人认出了李斯。他来自思琳城，曾在那里接待过很多游学之士，知道李斯也是一个儒生，后来在吕不韦门下当了幕僚，还写出了有名的《谏逐客书》……他这会儿刚刚呼出了一声“李……”就被赵高的连连呼喊打断了。这尖尖的嗓音播散的是死亡之声，所以人人恐惧。卫士们在喊声里大开杀戒，有的儒生方士给倒立着埋进沙土，有的腰斩，有的拴住手脚，从高高的石崖上推入大海。

鲜血遍地，刀剑尽染。哭嚎声响彻山野。

围观的百姓给吓昏了。只是半个时辰，所有的儒生方士都惨遭屠戮。被杀者共有四百六十多人。鲜血把方圆一里多的土地都染得通红，血流成河。

3

始皇被搀入帐篷。到了睡榻上，他再也支持不住，一下子倒在那儿。小宦官赶紧给他擦额头，按人中。

“陛下！陛下！”李斯急急呼叫，一直跪地。

始皇终于睁开眼睛。赵高捧出两粒绿色的丹丸。始皇接过又扬掉了。“拿来……”他咕哝着，“给我拿来……”

小宦官双手捧着一个金盘，不知怎样才好。

“给我……时光！”

小宦官这次听明白了，颓丧地把金盘收起来：“陛下……‘时光’不是一个东西，它无形无影……”

“给我拿来！”

小宦官看着赵高，赵高看着李斯。“时光”在哪里？陛下赢得了一切，平定了六国，天下什么都是陛下的了，可是唯独“时光”是一个例外。

始皇闭上了眼睛。

李斯与赵高耳语一番，准备赶紧收拾帐篷。到哪里去？到思琳城，去找那个徐福。这时所有的指望就在那一班人身上了——那仙药里面就包裹着“时光”！始皇紧闭双目，听见有人窃窃私语，就睁开了眼睛。李斯就把刚才所思所想讲了一遍。始皇伸手拍拍他的肩膀：“爱卿……车队可分两路；先到莱山，那儿离思琳城不远，我要祭拜月主。”

李斯不太明白。

“光阴如箭，光是太阳，阴是月亮；朕身体衰竭，已近暮年，如今拜不得太阳啦，就让我去拜一下月亮吧。”始皇定了定气，又说，“不必惊扰徐福，不必惊扰那个‘百花齐放之城’，且忍耐些。”

李斯和赵高退下了。

第二天凌晨，长长的车队向西北方驰去。莱山是月亮神居住的名山，它在思琳城南四十华里处。始皇在车中闭着眼睛，不断发问：“莱山到了吗？到了吗？”小宦官答：“就要到了，就要到了。”

车行五日，到了莱山脚下。人们抬着始皇，文武百官相陪，几个卫士围在四周，往莱山登去。始皇登上山巅，远望思琳城一带、海滨平原这块膏腴之地。莱山北麓有一座金碧辉煌的月主祠，始皇的目光转向它，满脸虔诚。

东巡·七

1

始皇第二次东巡的车队从咸阳城开出来，不久就有消息传到了“百花齐放之城”。百姓一片惊慌，许多人预感到厄运就要降临了。

入夜，户户灯火通明，书声朗朗；明月悬在城上，百花闪烁露滴。身着甲胄的护城兵士偶尔从城垣下走过。夜色愈深，不安和骚动却难以掩去。市民们悄悄盘算始皇车队抵达东海的时间。他们都还记得前不久收缴各种诗书，运往郡内焚烧的情景。那些外来兵士凶残蛮横，竟然在城内殴打众生。好在市民们在许多天前就听到了口风，纷纷砌下夹壁，把一些简册典籍全部藏在了墙中。后来搜书人受到了守城将士的全力劝止，因为众儒生方士纷纷敦促守城将领保护这座“百花齐放之城”。

可是这一次始皇东巡，市民们都觉得凶多吉少。

徐福与众方士一连几天都在商议对策。大家明白，一切须从长计议。徐福一连多日不能安睡，或秉烛夜读，或踱步寻思。他曾仔细研究过始皇生平大事，慨叹不已。按一般说法，始皇出身狄戎，既擅长蛮力又不乏智勇。可是也有典籍佐证，嬴姓源于东海，这里才是他的氏族故里。不管怎么说，如今的始皇正是一个旷百世而一遇的强力之君，多思而雄辩，奇志顽念纵横驰骋，无所不能，挥挥洒洒。修长城，铸金人，惊世骇俗，威震海内。世上每一个生命都在接受大地的教化，百姓的教化，智者的教化——人必得敬畏自然天地；而始皇却是一个例外，他只信自己的神威与智勇，随心所欲……

半夜已过，响起阵阵敲门声。徐福知道这些天来许多人皆无法入睡。方士们把对策写在了竹简上，一一摆到徐福面前：逃、散、智。所有人都看着他。

逃，就是速速逃离思琳城，弃城而去；散，就是散于百姓之间，沦落土地之上；智，就是专于斗智，想方设法与狄戎之王周旋。他思忖片刻，然后把三种不同的竹简一并握在了手中。他们惊呼道：

“先生！我们……”

徐福缓缓摇头：“现在往哪里逃呢？如果逃得近了，还会被捉回来；远了，比如说逃到秦王声威不能抵达之地，也许会长治久安。可那需要多少粮草、船只，更需要长期准备的时间！况且凭一城之力，还不足以成就大事。散？隐入杳无人烟的大山？这样且不说生计无以维持，满腹经纶又有何用？智，这倒是吾等所长。世上事成于周旋，败于莽撞，我们终究还得倚仗智慧。车队已经驶出咸阳多日，很快就要抵达东海，我们已无太多时间。逃为目的；散为补救；智为手段——三者合用，是可行也。”

有人小声议论：“尽管秦王第一次东巡没有毁城杀人，可是这个‘百花齐放之城’早已成为他的眼中钉刺，他总有一天会那样做的，这一天恐怕已经不远了……”

有人赞同说：“他要我们做完最后的事情；事成之后，他还是要毁城杀人……”

只有一个颧骨高高的老者站出来说：“徐福，如此这般，万万不可。齐亡秦立，乃天意也。一个忠义贤者应该顺应天意效力君王，即便身受杀戮，也算尽到了一份忠义。若不然，必留下千古骂名。”

老者的话让人目瞪口呆。徐福说：“如此愚谬倒也可爱，不过我想问一句先辈，留在这里任其宰割，化为灰烬，忠义何存？归顺暴君，助长凶蛮，又算什么贤者？人无非从天地万物中汲取精华，义理神思之于我们，就好比果实之于车船。我们暂且负载而已，远非物主，有何权利将其拱手交与暴君？一只蠢猪见了屠刀还知道奔跑，一只野兔面对矛枪还要尽力躲避，更何况学富五车之士！”

老者唉唉不已，再不吭声。

众儒生方士散开之后，徐福仍无睡意。他再次打开一卷卷简册。

2

始皇东巡的车队越逼越近。有关车队沿途的各种说法都传到了思琳城，市民更加惊惧。徐福却与往常一样，神色安然。几天过去，有人来报：始皇已在琅琊台下驻扎，帐篷十里，旌旗飘扬。那里又开始大肆搜罗儒生方士，而且待遇很差，让他们挤在通铺上，吃粗粮菜叶，还不准随便出走。徐福叹息，深知那些人厄运将临。

十天之后，又有人慌慌来报，说不得了啊，像在咸阳一样，琅琊台下又一次大开杀戒：起初就因为跑了几个儒生和方士，秦王就一口气把所有人都杀掉了，整整四百多人啊，血流四野，到处都是凝固的血块……

一天天过去，再无新的消息。这样直到有一天传来确凿无疑的口讯：始皇的车队直奔莱山而去了。

徐福在帐内焚香，闭门不出。

又有消息：始皇的祭祀队伍就在山麓安营扎寨。

徐福安坐榻上，两日后竟睡着了。经过三天三夜酣睡，而后更衣洗漱，让人备车，说要面见始皇。左右先是一片惊诧，然后一齐上前劝阻。

徐福摇头，只不言语。

徐福登上车辆告别守城将士，南去莱山。在城门处，徐福突然喝止车马，回身问一句："谁愿与我同行？"

一语既出，众人不应。稍顷，有一个站出来，接着又是一个。最后竟有三四十人。徐福从中择了五人，随他一起前往莱山。

车子出城那一刻，徐福看到了将士们在默默注视，有的还流出了泪水。百姓们一直追出城门。四周的人都汇拢到道路两旁，看着端坐车上的徐福，泪水潸潸。有人唱起了凄楚的东海之歌，还有人连连呼喊。这歌唱，这呐喊，令徐福激动不已。

车子辘辘向前。此刻竟如此静寂，连马的喷气声都清晰可闻。

身后，如同风吹枝叶，一丝丝响起——那是由低缓走向高亢的歌声。将士和民众在用歌声送他远行，盼他归来——

徐福扬起美目兮

回望百花齐放之乐土

北风吹动布衣兮

胸装百万之雄兵

壮士一去不返兮

赴莱山慷慨悲歌

……

徐福回头久久遥望，听着这沥沥落落的歌声。他双手按在胸口那儿默念：

护佑我吧，冥冥中的神灵！

东巡·八

1

祭拜月主之后，赵高问始皇：唤徐福前来、抑或去思琳城？始皇摇头。

车队继续在莱山之麓驻扎。四天过去了，第五天有人禀报，说从思琳城方向驰来一辆车子。始皇微微点头。他的盘算只有小宦官知道：刚刚在琅琊台一带杀掉了四百儒生，徐福和那个百花齐放之城不会不惧。如果徐福逃逸，陛下就会用兵船追捕；如果知趣，只有乖乖来见陛下。陛下杀掉四百多个儒生，却没有惊扰那个百花齐放之城，极具深意。

徐福一行六人来到始皇帐外。

始皇穿上衮袍，正了冕苏，唤徐福进来。

徐福低头入帐，施礼，并不抬头。

“爱卿请坐。”

徐福语气平缓，声音微低：“谢陛下。臣本该率众到三十里外恭候陛下。臣在思琳城得知消息已晚，遂率众方士沐浴更衣，施行斋戒，以便迎接陛下。”

“爱卿一片虔诚，朕至为感动。”

“思琳城众方士为陛下寻求仙药，历经千般坎坷。此次斋戒，也为了感动上苍，而后面见陛下，接受旨令，再次出海，功到必成。”

始皇心中暗喜，嘴里却说：“朕在琅琊台下斩了四百多个妖人。”

徐福点头：“听说他们蒙骗陛下，诋毁朝纲，对出海采药之事虚与委蛇……”稍顷又说：“禀陛下，自上次陛下东巡至今已有三年，臣率众方士及水上好手，两番出海，均告败北；只因海上有红翅巨鲛，成群结队，凶猛无比，船队无法靠近三仙山，只能遥望。此次出海如期成功，务必配备弓弩手，蓄更多粮草。”

“爱卿，始皇与你一同泛舟海上，沿栾河港东去芝罘，你看如何？”

徐福心中惊惧，但一时无法回绝。

“朕为你配备百艘楼船、弓弩手，蓄足粮草，你看如何？”

徐福立刻跪拜：“若能如此，臣以为长生不老之药指日可待！”

2

在琅琊，始皇命令摆上十里长宴，就像在长安一样气派。他要在此为日后启程的徐福船队祝酒，兴致极高。赵高、李斯和众大臣围在左右，频频举杯。牛角号一声接着一声，那是在汇集粮草、召集百工。一连数日，人群在士兵的引领下不断往琅琊台汇集，将由此登船，随徐福绕过成山头，回栾河港焚香沐浴，于二三月间正式启航，直驶瀛洲。

浩大的酒宴之后，始皇已经是第二次昏厥。御医告诉左右：陛下这一次病得实在不轻。所有人都交换着眼色。小宦官第一次感到了巨大的不祥。他对着始皇耳朵轻轻呼唤，然后看到有一个魂魄在始皇身旁徘徊，欲将离去——它竟想背弃始皇疲惫糟朽的躯体！

小宦官呼唤着，眼看着那个魂魄在始皇身旁徘徊，徘徊，又在他的呼唤中一点一点归来——始皇睁开了眼睛，环顾四周问："为什么这样黑暗？"

天还亮着呢，李斯赶紧让人加上数支蜡烛。

"徐福一班人哪里去啦？"

"他们乘车到成山头，回栾河港去了。"

始皇"嗯"了一声："要派兵督察，让他们提前起程——朕恐怕等他不及了……”

几个人应声离开了。

到了半夜，始皇突然说：“即刻开拔——回咸阳。”所有人都以为听错了。赵高说：“陛下，您身体羸弱，刚刚转醒呢，再说半夜三更如何动身呢？”

始皇细长的眼睛闪了闪，将右手抬起来，食指轻轻地动了一下，又闭上了眼睛。

拔营的号角使所有人都惊呆了，谁也想不到车队会在这个时刻出发。难道发生了什么大事吗？他们不敢议论，赶紧收拾东西。车夫开始给牲口上套。一切准备停当，小宦官与几个人把始皇小心地抬上车辇。

车轮辘辘，向西——咸阳的方向进发。

这车队来时浩浩荡荡，声威万里，归去时却在漆黑不见五指的夜路上。从此沿路将不再停留，也不搭帐篷。始皇食宿都在车上，大小解也在车上——有人捧一个金盘，忍着恶臭侍候。他仍旧时常昏厥，只要醒来，即催促身边人让车队快行——没一个人敢把他的旨意传给车夫，因为都知道他再也经不住颠簸了。

车子走得越来越慢，越来越慢，始皇的声音也越来越微弱，一次次昏睡不醒。御医给始皇灌下一种神奇的汤药，他这才转醒过来，醒来就一阵喃喃，可谁都听不懂。只有小宦官听明白了一二句，说始皇喊的是“蒙恬，扶苏……扶苏……齐姬……”

李斯说：“他老了，想自己的爱将、长子和爱妾。”

赵高脸上飘过一朵乌云，说：“可我明明听他在喊那些齐女，叫她们到身边来呢！”

李斯正迟疑，赵高已传身边的人，让那些满载美女的车子都靠拢上来，轮换着到始皇车上侍候。姑娘们发现，始皇大张着嘴，露出了伤残的牙齿。这牙齿颇不整齐，好像在一夜之间变长了。

始皇再也没有醒来。他一直大张嘴巴昏睡，可是两手还是紧握那把卢鹿剑，一刻也不曾松开。

3

车队向西，无数的人群看着这懒洋洋的车流，都在心里惊叫：这就是那个东巡的始皇车辇吗？怎么骏马懒塌塌的，旌旗垂落，风都不愿舒展它们？怎么有一层阴云压在车队上方？

这时候那群乌鸦——就是从东巡开始就一直尾随车队的

那群黑鸟——又开始在上空盘旋了。

再也没人驱赶它们。因为始皇昏睡，李斯、赵高、小宦官，所有的人都懒得去轰散它们。大家都明白这是怎么回事，面面相觑，心惊肉跳。李斯早就从始皇的车子上闻到了一股特别的气味。他知道这是死亡的气味，是它引来了群鸦。他直盯着那群乌鸦，全身颤抖，面色苍白。

赵高问："丞相，你病了吗？"

巨大的不祥笼罩了车队。大事就要发生了。这在中国历史上是至为重要的一个时刻。

车队里有两个人最先感觉到了这一点，那就是丞相李斯和中车府令赵高。李斯一次次问小宦官，对方只答："始皇还在睡着，睡得很香；呼吸有律，鼻孔微动，偶尔眼角活动一下……总之一切正常哩。"

赵高也来问过，小宦官同样回答。

始皇此刻只在梦境里生存。他闭着眼睛，却看得见辽阔的疆土，看得见一些彩色的旗帜，一个庞大的车队。车队在这片疆土的东部，正向西部慢慢蠕动。但他不知道这个车队是谁的，它为什么如此陌生又如此熟悉？梦幻搅缠得始皇好累。他一遍又一遍睁大双眼去看——这个在他的疆土东部蠕动的、令人厌恶的车队；车队上空还有一层黑云似的乌鸦——他看啊看啊，终于明白了，这是一只送葬的车队！可是他又分明看到整个车队有那么多彩色的旌旗，有号角，有鼓声，不像是传统的葬仪……

车队渐渐消失在一片沙漠里。沙漠上空有一颗流星划过。午夜还是白天？一溜闪闪发光的圆圆的东西排成一队飞速而过，速度及光亮都让人惊讶。它们竟然能够在飞速前进中突然停止，接着向另一个方向飞去。“铁鸟……”始皇喃喃说道。

它们刚刚过去，又是呼啸而过的几只更大的铁鸟——它们是在相互追逐吗？

一些金发碧眼的人在巨大的、像长龙一样的长城上攀登，而且还用奇怪的腔调呼喊着。其中的一个问另一个：“为什么要砌这么长的城啊？”一个人背着一支大喇叭筒，一边走一边解释，大意是：这是在很久很久以前，第一次统一了中国的皇帝，沿高山修起的防御胡人的战略要塞……“一道高墙就可以防御异族入侵吗？”那个金发碧眼的人问着，还没等到回答，就摇着头笑起来：“我觉得这很有意思。这个皇帝多有气魄，又是多么笨拙啊。”

金发碧眼一笑，显出很放荡的样子。

始皇心里一阵暴怒，还有点悲酸。

车队向西，一群乌鸦紧紧跟随，尘土扬起一片迷蒙。这是谁的车队？这个车队那么熟悉又那么陌生，它从辽阔的疆土东部向西，一直向西，像一条将死的巨龙一样吃力地蜿蜒。没有错，车队的主人就要死亡了。这会儿始皇在恍惚中突然想到了那个大聊客老齐，想到了最后一次听他言说齐国的情形——真是奇怪啊，在为秦国所灭的六国之中，唯有一个齐国令他如此难以忘怀，关于这个东方大国的一切，竟然都让他百听不厌。这一次大聊客说起了临淄城，整个人兴奋得耳朵都红了。

"这才是天下最繁华的都市哩！说到这儿，我就不得不提到那个叫苏秦的人了。这个人见识了得！他是燕国人，天底下哪儿没去过？什么大人物没有见过？混吃混喝享尽了人间大福。可他一见了临淄，立刻就傻了眼个球的……陛下猜猜他怎么说吧？他说：'临淄甚富而实，其民无不吹竽鼓瑟、击筑弹琴、斗鸡走狗、六博蹋鞠者。临淄之途，车毂击，人肩摩，连衽成帷，举袂成幕，挥汗如雨，家敦而富，志高气扬。'老天爷，这是什么地方啊，城里什么花花事儿都有，一群吃饱了饭尽琢磨怎么胡闹的人，不好好揍他们一家伙还行？"

当时始皇一声不吭，一边在惊讶临淄城的超级繁华的同时，一边却又不无嫉恨——正在此时，大聊客却像洞悉对方的心思一样，说出了最后一句。始皇随之拍了一下座榻，连连说："朕也这么看……"

大聊客老齐捋须而笑："臣窃以为……嗯，怎么说呢？有其父必有其子，齐威王奢靡惯了，他儿子齐宣王有过之而无不及。他们天天大宴宾客，通宵艳舞，还演奏盛大的韶乐——有一回鲁国那个倒霉的大儒，就是那个叫孔子的人，坐着车正走在临淄街头，忽然就让车子停下了，他原来听见了不远处正演奏韶乐哩！结果这一听就半痴了，老家伙说自己'三月不知肉味'……"

始皇以前听李斯说起过这个老头儿，这会儿插话道："这人当过鲁国的司寇。"

"陛下博学啊！陛下什么都知道！一点不错，这就是儒门的老爷子哩。再后来，我是说到了齐宣王这会儿，就是他们这群儒生吃香的喝辣的日子来了。齐宣王跟他爹一样，什么儒生方士各色学人都招到了齐国，建起了好大一片稷下学宫，待遇高着哩，让他们不治而议，专门横挑鼻子竖挑眼，你说有病不是？那个孔子的隔代弟子孟子好生了得，出门时身后竟跟了四五十辆车子，你看这是何等阵势！连齐宣王都得出门迎接，还要在雪宫里与他喝酒聊天儿，请教他哩……"

始皇微微睁眼：“雪宫是个什么地方？”

“雪宫那就华丽了！那是齐王一座游乐玩耍的宫殿哩，美女如云，美酒佳肴。齐宣王就在这里招待孟子，本是好心好意的，没想到被孟子给教导了一顿，你说窝囊不？齐宣王实在没有办法，就只好承认自己这个人有不少毛病，说‘寡人好色’……”

始皇哈哈大笑起来。笑过之后，他的脸色马上变得铁青了。那个大聊客还想乘兴说下去，一抬头看到了始皇的脸色，不由得把张开的嘴巴又合上了……

始皇平生最恨或最喜欢的就是这些儒生。因为他们当中有各种各样的人，这些人说话颇为随意，口无遮拦，常常惹是生非。他这会儿听着大聊客言说齐国，想起的却是一个蹊跷的设计：无比聪明的丞相和赵高合计着，要将那些转动不停的一个个脑瓜全都拴住，办法是让铁匠锻出一些长钉，用它们固定所有儒生的脑瓜，使它们不再活络地转动。始皇最初听说这个设计时，心中曾闪过一个念头：李斯是丞相，更是大儒，以前还是吕不韦的幕僚，他的脑瓜转动得比谁都快，甚至比那个有名的博士淳于越还快。那么当所有的脑瓜都被拧住，这个李斯又该怎么办？也许剩下的最后一根铆钉要留给丞相了。

冥冥中，始皇又回到了那一天，耳边仍回响着大聊客老齐的话：“陛下，疆土分为有形无形两种。陛下所征服的只是有形的疆土，它上面有河流，有高山，有美丽的鲜花，有甘甜的果子。不过它们再大也有个边界。另一片疆土嘛，是装在人们脑海里的，它同样绚烂无比，同样也有着各种各样的颜色，只是它更大，大得没有边际，上至宇宙星辰，包容银河；下至九泉，通向无底冥界……”

他当时牙齿都有些发痒，渐渐磨出了声音。大聊客一无所查，只摸着胡须说：“我接下去该讲讲齐国一些老仙人的故事了——陛下一准愿听哩……”

4

乌鸦在上空盘旋。一片尘埃，一道蜿蜒西行的车队。这是谁的车队呀？默默无声，死去一般沉寂。号角息了，鼓声蔫了，旌旗垂落。这个不幸的车队呀，这个死亡的车队呀。

始皇看着在他的疆土东部偊偊而行的车队，心中充满了蔑视。

他又看到了一片片烽火。在他的国土上竟然突然冒出了这么多的青烟，一缕又一缕。他问身边的李斯：这是怎么回事?

李斯告诉他:“这就是按陛下的命令,将史书典籍收缴后进行焚烧。焚书的火焰已经点燃全国;陛下,可见您的威力无边。”

始皇感到了几分宽慰,又问:“那些儒生呢!”

“兵士们正在挨户搜查,这时候大半都捉到了咸阳宫前的广场上,拴在那些铁人旁边。一个铁人跟前拴一组,现在一共有几十组了。”

“带我前去,看看这些死到临头的、傲视人世的儒生有怎样的眼神。”

李斯领着始皇到广场去了。始皇在一个三十多岁的儒生跟前停住了。他发现这个儒生只是闭着眼睛。

“为什么不睁开眼睛呢?”

“我不愿看到可怜的人。”

始皇先是不解,后来冷笑:“死到临头的人才可怜。”

儒生仍然闭着眼睛:“是的,像你。”

始皇吓得脸色苍白。

李斯说:“大胆!胡言!”他气得两手乱抖,指着年轻的儒生,打他的耳光。奇怪的是,他的手打上去,手掌立刻流出血来。李斯握着手乱跳,仔细一看,原来眼前这个年轻的儒生在一瞬间化为了石人。李斯不信，掏出怀里的刀子在他身上剜起来，一下一下都发出了刺刮石头的尖响。原来他整个人真的变为了石头。

再前边就是捆绑的博士们，他们的脑壳上都使了铆钉。

鲜血染遍了咸阳广场。当夜，无论是否使上了铆钉的儒生，在始皇的命令下，都统一埋在了山谷里。

乌鸦飞得越来越低了，它们差不多要扑到懒洋洋的车队上了。始皇的目光越收越紧，紧紧地瞅着行进在自己疆土上的车队。它们此刻仍然在辽阔疆土的东部，向着西部，一点一点蠕动。

乌鸦喧闹着。可怜的车队，即将死亡的车队！这究竟是谁的车队呢？始皇仍旧不解。

东巡·九

1

乌鸦在空中翱翔，一会儿高一会儿低。它们就像黑色的衣裙罩住了缓缓流动的车队。密密的乌鸦好像更多起来。

始皇明白了，乌鸦在给缓缓流动的死亡车队穿上一件丧服。

这支又熟悉又陌生的车队令始皇越来越惊诧。他知道自己的声威之大，笼罩四野，笼罩了海内所有的疆土；可是如今对这支死气沉沉的车队竟然有些茫然，不知是怎么回事儿。他只觉得自己继续在空间飞升、飞升；他一辈子都没有到达过这样的高处。渐渐地，他可以俯瞰更远更开阔的地方了。他看到了巍峨的群山，还看到了起伏的山岭之上有一条青白色的巨龙。没有首尾的巨龙啊，原来它就是很久以前修起的长城。那个下令筑城的人是谁？是我吗？

始皇觉得一切恍若隔世，它们变得扑朔迷离，有时清晰，有时模糊；有时近了，有时又推得遥远——直推到远古，推到了先王的时代。他似乎又听到了“坎坎伐檀兮，置之河之干兮”，那种奇怪迷人的吟唱。他想起了自己年轻的时候，那个英姿勃发、浑身都是力量的人。那时面对的是强大的六国，以及比六国更为悍暴狡诈的群臣。宫内臣僚们交头接耳，厚厚的帷幕掩着他永远也搞不明白的玄机。宦官嫪毐炙手可热，更有吕不韦和母后的帷幄运筹。他们将一切都藏在幕后。嫪毐君临一切，母后对他言听计从。他们打得何等火热。吕不韦在治理朝政之余尚有闲心操纵文事，竟然让文人墨客著书立说，而且悬千金于门上，说什么著作定稿之后，谁能改动一字，就赠予千金。这是何等的傲慢骄横。当时宫内竟然文事兴隆，一片书声，谁也不知道这朗朗书声之下掩藏着一个窃国大盗。

那时的始皇只在暗中将剑磨亮，认定不久就是嫪毐倒霉的日子，即便是生母也要囚禁。人们议论他有鹰隼一样的双目，两道剑眉——它们又粗又长，眉梢还要往上扬起。他的细长眼睛稍微有点小，他就把头发扎成一束，紧紧一绷，这就使两只眼角往上吊着。这一切都说明他是一个刚愎自用、心比天高、内藏悍厉的君王。他面对铜镜这样想过，也就开始动作了。

嫪党满门抄斩；吕不韦喝了鸩酒；母后在囚禁中度过残年。他二十多岁才算真正执掌了权柄。这期间他想得最多的就是变法的商鞅，手边几乎从未离开那部后人整理的商君言论书简——这个施行严刑峻法的人令其无比怀念。他死得悲惨，车裂四肢，却是大地上一个不散的英魂。商鞅，还是商鞅！他抽出卢鹿剑，在卧榻之上的板壁上刻了“商鞅”两个大字。

从哪里飘来了阵阵琴声？如此美妙婉转。他听出，那是齐国的靡靡之音，令人陶醉。他曾经发布命令，任何人不得唱齐歌、奏齐乐。因为就是这些软绵绵的齐国之音夺去了秦人的魂魄。秦人的歌唱都是粗犷有力、高亢嘹亮的。只有这样的歌声才能令人振作，催人奋勇。而这齐乐完全是另一种调子，它们让人腿软骨酥。有人就哼着这样的歌在咸阳大街上扭动不止，臀部划着弧形，两手爹着在身侧摆动不停。这种奇怪的舞蹈——他专门问过一个见多识广、从东部沿海来的儒生，对方说那是东部沿海的渔人模仿一种大鱼的扭动；那种大鱼一钻出水面就是这么扭动，水浪哗哗响着为大鱼的舞蹈伴奏。当时他怒喝：“咸阳街头，只要看到跳这种舞的，立斩！”

命令传下，一天就斩了二百多。可是如今看来，这些引诱腐蚀人心的东西总是久禁不绝。他连连叹息。回忆起这一切，他觉得武力似乎可以将一切坚硬的东西磨碎，但就是对这种软绵绵的沁人心脾的东西无能为力。比如说，在把这些跳鱼舞的人斩绝之后，仅仅是一年多的时光，又传来另一种东西，它们仍然是从齐国传来的，那里靠近大海，打鱼人与胡人、与那些奇怪的岛人频频接触，传来了各种不可思议的癖好和物件。比如说从齐国的大商人载来的一些男女中，可发现有的穿了一些奇怪的粗布裤子。这些裤子乍一看粗糙不堪，细一看又别具心裁。它们紧绷腿上，身腰臀部具显，结果引得全咸阳城的人都大睁双眼去看，有时还尾随他们走上很远。后来咸阳城内的姑娘少妇们跟上穿紧身粗布裤的男人走，而那些小伙子们则跟上穿了这种紧身粗布裤的女人走。成何体统！他把那个大聊客老齐唤来，问个端底。老齐无所不知无所不晓，只说：

“这种裤子不可小视，看来只是遮羞之物，实际上是毁国之衣；穿上这种裤子，难保不会心思诡谲啊；秦国的风习规矩将会扫荡一空，法治也将不保。”

“这种裤子怎么称呼呢？”

“它们最早是那些沿海人模仿鱼皮做成的；因为所有鱼都穿了紧绷绷的粗鳞衣，他们于是特意纺出像鱼鳞一样的布穿在身上。他们唤这种裤子为‘鱼皮衣’；可是几千年后，人们也将给它取下一个新名儿。”

始皇皱起眉头。他本来想发布一个新的旨令，就是将咸阳街头所有穿“鱼皮衣”的人全部斩首；但后来一想恐怕“过犹不及”。他细长的眼睛闪了闪，生出一个崭新的念头。他让人在咸阳街头腾出一溜儿巨大的空屋，将所有穿“鱼皮衣”的人一律收进屋中，然后命令那些最为悍暴、粗野和好奇的士兵手执剪刀，将所有这些衣裤都剪碎割烂，并且不再给遮着的新衣，让他们带着条条布褛走上街头，让他们无地自容！

一声令下，咸阳城里纷纷行动起来。结果最时髦的男女全都暴露了身子。当时在咸阳城暴露身子可是一件羞辱族宗之事，于是他们一族再也不愿收留。又因咸阳城内早就施行了商鞅的什五连坐法，所以街坊邻居都不敢收留这些年轻男女。他们一个个下场凄惨，不得不忍辱负重逃到边关，加入了修筑长城的队伍。大将蒙恬来者不拒，马上给他们发了套装。这些套装也是粗布制成的，不过宽大结实，上面编了号码。

有一天，始皇正穿了民装在咸阳街头闲走，竟然听到了齐国的靡靡之音。他想不到有人竟如此大胆，也想不到执掌京畿的中尉竟这样松弛。因为唱齐歌奏齐音乐是必定要遭受发落的。可是这次却是一个例外——

他迎着那声音走去。原来是一个华丽的车子，车上由贝壳装饰，一看就知道从齐国而来。牵马驾车的是一个穿戴丝绸的巨贾，车上有一位美女，是她在那里弹琴唱歌。所有人都驻足倾听、观望，啧啧称奇。就连那些卫士见了惊人的美色也目瞪口呆，一时忘记了应尽的职分。他暗自感叹，认为此女无啻于天仙下凡！他站在那儿，直看得大汗淋漓，然后唤住了一个身强力壮的卫士，掏出了腰牌。卫士急忙下跪。始皇揪着耳朵将他提起，对他咕哝了几句，然后悄然离去。

那个粗壮的卫士命令身边几个兵士将车子围住，接着将那个歌唱的齐国美女、连同她的琴，一块儿扛在肩头，飞也似往宫内跑去。

“朗朗晴空之下，有人竟敢哄抢美女！”大街上有人叫着，乱作一团。

那个牵马的巨贾搓手顿足，可就是没人帮他。

美女被扛进宫内。始皇穿上衮袍，戴上冠冕出迎。

那女子长得高大而俊美，泪痕未干，见了始皇，身子悚悚抖动。始皇托起她的下巴问话。齐女一一作答。始皇说：“随从商贾最无出息。朕封你为宫中贵人。”

那个美女就成了齐姬，得到了始皇的宠幸。始皇对其无比爱怜，日夜带在身边。以前他每天都要看三车竹简，可是自从齐姬来到宫中，改为每天只看一车竹简，而且还常常是草草掠过。一个善于进谏的大臣拜见始皇：“陛下，齐国女子履历不明，再说又来自敌国，陛下与之朝朝暮暮，既有伤体魄，又有损国格。”

“此话怎讲？”

“秦国地广人稠，美女如云，何必去齐夷边地寻一女子，此其一；齐王诡计多端，使用此计蛊惑始皇，刺探消息也未可知，此其二；还有，自古女色可畏，枕风足惧，齐女伴随日久，社稷伟业如何了得？再说……”

始皇打断了他的话：“简单点说就是了，你的意思无非就是这个女人不能要，是不是？”

大臣点头。

始皇哈哈大笑，用食指点着他的脑瓜：“你这个老朽，以为敌国的美女朕就睡她不得？别说齐国，六国美女朕皆睡得也！”

2

他发现自己伏在了厚厚的云朵上——好像某个画师在板壁上画过这样的模样，就是人待在成片的云朵上，踏云而行。此刻他真的站在了云端，躺在了云朵上。好软的云朵。他驾着白云在高空驰骋。往下望去，大山变矮，人成了一个个小黑点。所有的河流都历历在目，还有庄稼、梯田。他只嫌那个从东部驶来的车队走得太慢了，它简直是一寸一寸向前挪动；后来他才隐约知道，这车队是往咸阳而去的。好像车子上要发生什么大事——这事儿委实不少，大概是中国历史上最大的事件之一，所以此刻整个疆土才变得一片死寂，鸦雀无声；所以才有那么多黑色的乌鸦随着车队一路盘旋。

他努力让身下的云彩降下去，降下去。他仔细辨认，终于看到了车队里垂头丧气的兵士和一个黄脸皮的人。他认出那人是李斯，另一个胖胖的人就是中车府令赵高。他从高处才把赵高的样子看清楚，原来这个人那么丑。他又一次看到了巨龙般的长城，发现有人在刚刚修好的长城那儿撒尿，不禁怒从心起。他想惩罚那个人，却又觉得这种惩罚没有来由。他凭什么去惩罚那个人呢？难道这个长长的巨大的城墙真的那么神圣？真的那么不可亵渎？这又是谁修的城？是我吗？

这会儿，他看到还没有修好的一小截城墙那儿，人群像蚂蚁一样，他们扛着砖石往大山上攀缘。他想这时候如果有一场雨，那么这些蚂蚁就要顺着山坡滚下，那可有一场好戏看了。一些兵士用鞭子和矛枪驱赶着筑城的人，吆喝着，凶神恶煞一般。他对那些兵士有着说不出的厌恶。大山的慢坡上，有一片巨大的连起的帐篷。那是督修长城的大将军蒙恬的本部。他知道有个叫扶苏的人——一想到这个名字就觉得身上一阵发热，那是触动了血缘之故。原来这个叫“扶苏”的人与自己有一种血缘关系。他慢慢想起来了，这是他和齐姬生的儿子。嗬，他在帐篷口出现了，好一个英俊的年轻将军！他真想凑上去抚摸一下孩子，挨近他闪动光泽的脸膛。扶苏年轻有为，英气逼人，只可惜有时太书生气了一点……在这个特殊的时刻，在车队向西缓缓行驶的时刻，他在云端注视着自己的儿子。他似乎觉得，这孩子应该派一个更好的用场。究竟要这个小伙子干什么还不清楚，不过他知道扶苏来到自己身边的日子已经逼近。他那对细长的眼睛此刻看得清清楚楚：这个扶苏不久就要在云端与自己会合。那时候他们爷儿俩将紧紧地抱在一起，彼此再也不会分开了。不过那时候的扶苏将不停地泣哭，泪水一洒下就变成滂沱大雨，冲毁江河、堤坝，泛滥成灾。我的孩子啊，你哭吧。你悲凄怨恨的眼泪呀，永远也洗不去满地血痕……

始皇还想起他年轻时的一个小小插曲。有一天他身着布衣在咸阳街头行走，和那些摆摊的百姓攀谈，觉得很有意思。那些不识字的人，粗手粗脚，尽讲一些奇闻怪事。他们有的竟然把始皇说成一个长着三头六臂的人，还说始皇是一只鹰隼变的；有人说始皇力大无穷，一顿饭可以吞下二十头乳猪，可以拉动九千九百斤的大弓，可以举起十二把石锁，声音也响得吓人，一声怒喝即可震塌一座房屋……始皇听了暗笑，问："你们见过始皇帝吗？"

"没有。始皇怎么能见到呢？"

"你们到过六国吗？"

大多数人都说没有到过，只有一个人说他到过六国中的齐国、燕国和韩国。还有一个人说，他只到过韩国。可是更多的人从来没有出过咸阳城。多数人斥责那两个出过国的人：

"一派胡言！哪有什么六国？那都是你们编出来的怪话。只有一个秦国嘛。"

始皇心生怜惜：他们一生就在街巷奔波，顶多不过是走出咸阳城。他们误以为天下只有这么大……他又问："你们为什么不识字读书呢？"

那些人哈哈大笑："你是说摆弄那些竹条子吗？竹条子既不能吃又不能穿，摆在家里白占地方。俺爷爷那年就有一捆竹条子，那一天正好没柴烧，俺就把它捅到锅底，熬了一锅稀粥，怪好哩。"

始皇再没吭声。他想：还是商鞅说得对啊，只有大字不识的人才安分可靠，而一旦熟读经书见多识广，就成了人世间最可怕的动物了——立国与乱国者皆是他们。当时他心中闪过一念，欲将天下儒生尽收咸阳城内。

一道旨令颁布下来，秦国要邀集天下儒生。

一月之内，咸阳城里就会集了一百多个儒生。两月之后，又会集了二百多个。咸阳城的人不断地看到吱吱歪歪的破车拉着一些竹简。一车车的竹简排成了长队，所有儒生都往秦国而来。始皇立在高高的城头，看着驶进城门的儒生和卷卷竹简，心中大喜。他明白，这些人乘兴而来，却不会扫兴而去。因为只有他心里知道，当六国平定之日，他将关闭城门，不让一个儒生沦落民间。这样他就可以确保天下安定；必要时，他也可以让他们在城内变得无踪无迹——这只是一闪而过的念头。

六国终于平定，江山一统，始皇躺在卧榻之上，最头疼的就是这一群汇拢咸阳城内的儒生博士。同为儒生出身的李斯精通儒术，也懂得儒生的心事。始皇发现只有李斯才最懂得怎样治理这些人。始皇端量着他，觉得这个曼长脸儿上五官端正，还有两撮胡须，都长得匀称。他忍不住问：“朕问你一句，你要从实说来。”

李斯赶紧弓腰：“陛下，臣一定如实相告。”

“朕——你知道——并不喜欢你这样的人……不过朕有时候也不免自问一句：同为儒生，你为什么对朕这样忠诚呢？难道你的脑子就不像别人那么活络吗？”

李斯连忙跪地：“陛下，李斯本一布衣，平生只想追随英主；能辅佐陛下完成大业，才是至高的荣耀。”

始皇细长的眼睛闪了一下。他真的被感动了。

也就在这次推心置腹的交谈之后不久，咸阳城内开始焚烧诗书和典籍，紧接着又是一批儒生的坑杀活埋。一时间，海内对烧书一事议论纷纷，坑儒事件尽管严守机密，最后还是泄露，天下愤激如沸。为此，始皇有些心烦。他与赵高和李斯议论，不知怎样才算妥当。李斯说：

“长此以往，必定引起国内儒生怨愤，他们尚有一些散在民间，一定会与六国残余勾结一起，密谋起事。”

始皇问他有何良策，李斯说：“箭在弦上，不得不发。坑一是坑，坑百也是坑。”

“你的意思是……”

“六国平定之前，儒生们逃出秦国也就保住了性命，可如今海内一统，事情也就由不得他们了。”

李斯和赵高，还有太尉、御史大夫，几个贴身的文臣武将，连夜拟定方略，主旨只有一个：怎样收拾散布在全国各地民间以及藏匿在郡县幕后的儒生。始皇令：“此举必须严守机密，尽快实施方略，勿懈勿怠，不得有误。”

……

车队走得越来越慢，越来越慢，简直要定在原地不动了，他在云端之上俯视，一颗心急得都要跳出来了。他为什么如此着急？那个车队的主人究竟与他有着怎样一种联系？他讲不清，只是心急如焚。他希望那个车队插上翅膀，飞过蓝天，在咸阳城的广场上徐徐降落。

可是，那个车队还是缓缓的，缓缓的。车队之上的乌鸦依旧盘旋着，聒噪着。

东巡·十

1

从高空俯视这片疆土，一切都显得这样渺小。那个在当年曾经深深激动过他的万里长城，这会儿像一条松松垮垮的灰白色带子；四周的峻岭、丛山、绿色，都比它辽远雄伟得多。他发现一切人工做成的东西，原来都是极其有限的；而一切神灵做成的东西，却是无法企及的高大完美。比如说这连绵不绝的山岭，这浩浩渺渺的云气，这宽阔无垠的平原，还有这蓝色的天空，天空下无际的碧波。

再看东部疆土上缓缓行驶的车队，更显得可怜，从这儿望去，简直连蚁群也不如。他一再地试图接近一下泥土，想离他们近一点儿，以便看清那里的一切。

乌鸦盘旋，继续着刺耳的聒噪。

在高空里翱翔的始皇，这时候终于明白了：就在那个最大最华丽的、被一些丝绒和锦缎包裹着的车辇里，躺了一个行将死亡的人。这个人此刻显得那么干瘦和弱小，像一个儿童那么稚嫩。当然了，凑近了才可以看得更清，他是那么苍老，脸上满是皱纹，皮肤像缠在了骨骼上。可是远些看，他又像个儿童了，一个牙牙学语的儿童。就是这样的一个人，怎么占据了这样华丽的一个车子呢？他究竟有什么功德？有什么威仪？有什么出人意料的神通？他怎么可以成为这个长长的车队之核？

他用力地看着。他虽然知道这个人行将死亡，而且他的死亡将会引起山河改色，举国震荡。可他还是弄不明白，不懂其中的前因后果。他只得在心底发问：这到底为什么？为什么？一切只是个偶然吗？比如说旁边那个胖胖的赵高，如果他躺在车子里呢？还有那个丞相李斯，或者是那个扛着矛枪在一边瞪着眼睛的士兵，他们躺在那里呢？

真的是个偶然。因为总要有一个人躺在这样的车子里，总要有一个人威震四方。时间的浪花总要把一些东西从海洋里推拥出来，把它们撂在岸上。这好比那些顺着河流冲到大海里的杂物，它们总要被涤荡上来，在岸边摆成一溜儿，在阳光下泛着盐渍，阴干并慢慢腐烂。

车队往前蠕动着。

始皇仍旧不得其解，不知道那辆最华丽的车子里到底是谁，这个车队又是怎么个来由——它们从哪里来？到哪里去？它们又是如何来到了东部？又为何从那里驶出？他们要走向高原吗？他们到底要在哪里终止？

始皇极力回忆。他忽然想去车队里寻到几个熟悉的身影。看啊看啊，怎么也记不起来。

直到最后他才看出赵高有点面熟，发现了那个躺在奄奄一息者身旁的小宦官——这时他才恍然大悟，倏地记起了一连串的故事，记起了那一排排的儒生、文武大臣，那个有趣的大聊客老齐！

后来，他的目光就一直凝聚在丞相李斯身上了。

这个忠诚的李斯，这个儒生出身的令人恐惧的李斯，此刻一脸冷峻。他在等待那个时刻吗？那个可怕的即将发生巨大转折的历史时刻就要来临了，这个聪明人肯定对一切都了如指掌，早有预料。他在等待什么？他又有何打算？这个人除了忠诚而外，其他一无是处。

始皇记得自己无时无刻不在藐视和提防这个人，同时又有着一丝畏惧。经历造就了一个又一个可怕的生命，他们的幽思笼罩一切，洞察一切。也许一切懦弱都是伪装的，这个李斯的驯服，他可爱的驯服，曾经像一个长久的谜一样缠裹了他。这个谜此刻从湿润的泥土上升腾起来，漫过那个奄奄一息的瘦小的人，升到空中，化为了一片洁白的云。它们像棉絮一样，像蚕丝一样包裹着始皇，缠绕着，让他披挂着这朵云霞在高空里飞翔……

2

缓缓行走的车队啊，由东往西的车队啊，旌旗垂落，一片死寂。这到底是谁的车队？尾随在车旁的那个面皮蜡黄的人，你转过脸来——哦，看清了，还是丞相李斯。你还记得当年与始皇的密谋吗？那一天朕与你有过一次至为深入和隐秘的交谈——

“朕问你，城内儒生尽杀，诗书尽焚，消息会不胫而走。如此下去，如何了结？”

“始皇，臣以为对付儒生，第一是封锁消息，不要泄露什么，然后就是一个字了。”

“一个什么字啊？”

“宠。”

“朕不解。”

“恕臣直言，我与各色儒生相处日久，像有名的稷下学派，也算熟识。我发现各色儒生方士有一通病，就是‘得宠忘形’。他们当中有不少人朝思暮想要博得朝廷宠爱。一朝得宠，即忘记万般屈辱。所以，哪怕消息偶有泄露，只要陛下少施宠幸，也必定会把他们从四面八方吸引到咸阳城内。人只要进了城就好说了。”

“这么多人，最后又怎么了结呢？”

“陛下容我再想。”

一连两天，李斯都在冥思苦想。第三天他漫步到了郊外谷地，在一处绿茵茵的温泉那儿流连，心中突然一动。回宫后李斯马上觐见始皇：

“陛下，我看到深山谷地的温泉旁有数株甜瓜，那里长年青草碧绿，鲜花盛开——陛下可让儒生们赏花看瓜——陛下知道那些人从来喜欢美景，好奇心忒重，必会同赴山谷。届时可差人埋伏两旁，时机一到即封闭出口，令人扳动火雷机关……”

始皇细长的眼睛飞快闪动，惊得合不上嘴巴。

当日参加密谋者有李斯和赵高，还有左右丞、太尉郎中令及廷尉。始皇颁布一道旨令，赞颂天下儒生的文功，表明求贤若渴的心情，然后邀集他们会集咸阳，赏花看瓜，共襄盛举……

始皇此刻闭上眼睛，还能够看见从东海、南海、中原、西疆，特别是长城脚下，众儒生骑着毛驴，坐着马车，轰轰隆隆分数路赶往咸阳。他们有的一路吟唱，有的默默不语，身边都带着一捆捆的竹简；有的把竹简扛在身上，累得气喘不迭。但也有一些儒生走得很慢，他们似乎在观望。始皇知道这后一类人是真正可怕的……尽管如此，八十余天之后大部分儒生已经赶到了咸阳。李斯和赵高他们立刻摆下十里长宴，让大家开怀畅饮，说一俟众儒生聚齐，即可进入谷地。

先期抵达的儒生终日饮酒，赋诗不绝。十余天过去，各地儒生带来的书简堆满了十座帐篷，令始皇心中惊惧：前番大肆焚书才几年工夫，如今它们又像雨后蘑菇般拱出了地皮。他连连说：“好险，好险。世事难测……好在一切总可以作结了。”可是李斯对他说：“来到这里的都是一些浅薄小儒，大鱼还在水底：那些心揣计谋，心比天高的大学问家，都散在咸阳街巷，无非是观望询查，一有不祥即会立刻回返。另有一些人干脆就没有进城，只在郊外驻扎。那些路边帐篷、装扮成商贾人士的，有的就是当今大儒。”

大约又等了五六天，稀稀落落又增加了一些人。这些人果然并不嬉笑，个个面色冷凝。再后来实在没人来了，始皇只得让廷尉率人走向城外四郊，将那些可疑的商贾如数逮起，然后再根据什伍连坐法让市民举报。短短几天，咸阳城内外就抓了六十多个儒生。这些人被单独秘囚。

御史大夫宣布：可以进入谷地了。众儒生由几个文官带领，踏入了热气腾腾的谷地。此时正是初冬时节，寒霜遍地，唯有温泉旁绿草茵茵，鲜花盛开，几个金黄的瓜儿正在吐放香气。大家从来没有看到这么美丽的景致，一时欣悦忘情。

始皇一干人站在谷地上方的高地，一切皆收入眼帘。

当所有儒生漫游在鲜花丛中、金瓜之侧的时候，谷地的入口即被巨石垒起。始皇拔出了背上的卢鹿剑，迎着谷地一挥。顷刻间两声号角吹响，接着土坡上冲下两队弓弩手。万箭齐发，谷底的人给射倒了大片，哀鸣骤起。又是两声号角，有人扳动了上坡的石垒，点燃了火雷。只听得一阵巨响，巨大的垒石和成吨的土块泻向了谷地……

……

始皇在云端之上，这时耳旁全是那一天的嘶叫声、火雷声……车队缓缓向前。一群乌鸦往一块儿聚拢着，妄图挡住他的视线。他像吹开那些云朵一样，用力驱赶那群乌鸦。可是他发现自己那么衰弱，竟然连一口粗气都吹不出。“老啦，老啦。”他不断地感叹。此刻他是那么急于看清下边的事情，要知道这是谁的车队——他仿佛觉得自己渐渐与那个华丽之车里躺的瘦小的人儿一样，衰弱、气短，也濒临了死亡。在这个时候，他觉得最令自己不安的，就是那群越聚越多的乌鸦……

他俯视着大地上的一切，忽然听见了翅膀扫动气流的哧哧声：那群密集的乌鸦一旋，纷纷护到了那辆华丽的车子上。

他知道，那个激动人心的时刻终于来临了。

第二章　得一词条

在徐福故里，某教授不停地宣讲他的宏图大业："我们要么不干，要干，就得把对手打个落花流水！我这些个日子把所有争抢徐福的地方都跑了个遍，情况算是摸透了，一言以蔽之：差矣！我今天对你们领导说了，这种事嘛，要争起来是没个完的，我一路上想出了一个锦囊妙计，就是……"他说着瞥一眼左右，"你们猜猜！"

大家都猜不出。

"猜不出吧？"教授仰起脖子，"就是编一部《徐福词典》！从今以后，但凡有关徐福之疑问，统统来查这部词典即是！这词典就由我来主编……"

"什么时候开始？"旁边一个人大声问。

"早就开始了哦……"教授站起来："这岂是一般之词典！怎么对你们说呢？简而言之，就是本人将使用全新之文风，全新之格调！吾欲在词典界掀起一场革命、刮起一阵旋风也！"王如一的眼睛突然像野猫一样睁大，不无凶狠地瞄着四周。

大家正在议论的时候，突然教授没有了声音，他眯起眼睛，一手按在额上。同行的助手指着他对大家说："别管他，一个月了，老这样，肯定又是'得一词条'——你们快拿纸来，他怕忘，一想起来就得赶紧记下……"

得一词条·徐村

徐村一词，盖源于秦代方士徐福求仙一干事迹也。公元前210年、前208年、前205年，齐国人徐福率船队三次出海，以求长生不老之药、寻找三处仙山。前两次失而复得，皆有所获，秘不示人，心计多多。后一次志在必得，孤注一掷，这才快刀斩乱麻，大功告成耳。

话需从头说来，溯源辨踪。徐福即徐村人氏，该村计四百三十二户，今存三百一十一户。徐姓人丁十之八九为族上传人，杂毛稀少；属古代东海边夷，齐地人杰。至于北纬东经何等度数，还待专家前来测定。传说徐福排行老大，实则排行老二，不久家谱即可出世，一查便知端底。徐老二嘴阔头方，扎一纶巾，自十八岁起留起胡须两撇。老大为渔人首领，为富不仁，人缘颇差。少年徐福曾跟上兄长出海数次，初通水性，对海流颇有研究。自十三岁起进入私塾，遍读诗书，学得蒙人伎俩，为日后与秦王斗争奠定智力基础。

徐村靠近海洋，海市幻影频频出现，影影绰绰宛若大海深处之皮影戏剧，引逗全村老少欢呼雀跃。说是海中仙人现身，住在别样世界，长生不老，一天到晚美事不断，吃喝玩乐如同皇帝。

说到秦始皇帝，村中贤达心生一计，云海中既出仙山，此事不可谓不大，理当快快禀报才是：说不定大王一个高兴，赐下田园房产、美女爵位。都说此事可行，只可惜咸阳远在西天，膻气未闻，咱东海人投递消息，苦汨风程，值也不值？众人纷纷嘀咕，徐福却已抱定主意。所以说大贵之人必有恒勇，一切机缘皆由天定，也活该他日后发迹，赫赫然光宗耀祖。话说阳春三月，南风吹拂，徐村之卓越青年姓徐名福者，携饼提囊，手指西荒，大步而去。连走七七四十九天，一路过繁华之都临淄，进曲阜，去洛阳，一脚踏进黄土地界。但见街上黎民，人人面貌苍黑；却听市井喧声，个个声音高亢。于是乎入了蛮地，投了他国。那时节秦之为都，实为不得已而为之，人不开化，没有商业，丝绸少见，粗皮糙面，西风酷寒。哪比得上咱齐地膏壤千里，鱼米之乡，女人面如桃花，男人臂文青龙，一个个面红耳赤，皆是结婚生育之良伴！话说徐老二壮志在胸，不事挑剔，见店即投，夜间热水烫脚以舒老茧，白日频递名帖寻求上达，一心面见大王。

始皇本名嬴政，虎狼面貌。我村徐福苦等三月，一俟宣诏，不畏强暴，抖擞向前。先是一个弯弓，施了大礼。原来徐村地处沿海，民风豪迈，自古多有慷慨悲歌之士，更有若干美俊少年。徐福是年一十八岁，筷子穿髻，眼角上挑，一双大眼黑白分明，令皇帝一见欣然。再加上该青年巧言令色，细说千里迢迢来自东海，里籍徐村，紧邻浩渺，仙人频出，光芒万丈！当年始皇虽非古稀之人，无奈统一中国操心忒狠，酒色无度，所食之物无非羊肉泡馍，不得一粒海中珍馔，营养稀薄，眼见得气息奄奄。他听得徐福一番描画，求仙心切，恨不得即刻东行，直抵徐村。始皇吸溜口水，将东海面貌人口诸事一一探问，并让人记上绫子。该绫子悬于大庭之上，上书两个斗大篆字：徐村。

徐村先后历经颇多，福祸相倚。徐福出海三次，止王不归，种种变故，险象环生。封建帝王诛杀猛烈，灭九族而屠三牲，血流遍野，呜呼哀哉！话说我村徐福，英明果断，料事如神，藏大秘于四野八乡，布人脉于齐城内外！早在先前，徐村百姓个个改了门庭，换了祖宗，乔装打扮要饭说书，打工糊口串街走巷。一霎时哪里还有徐姓一村，只说是大海淹了龙王庙，老天爷灭了徐家香，从此不再有徐村一说，屋去人空，荒草没冢。公元1492年哥伦布氏发现美洲大陆，世人呼奇，实则比徐氏晚了一千七百余年矣！再越四百，即公元1892年许，方有徐姓人氏一个个浮出水面，散淡之人个个抖擞精神，人人重归故里，念先人之惊天伟业，竖村碑于通衢大道！故今日之徐村实乃古代之徐村也，二址合一，严丝合缝！若继往开来做纵横观，该村乃我市下属乡镇之明珠，如日中天，恰逢盛世，地方官员，清正廉洁，团结一心，奔向小康。有诗为证：踏破铁鞋无觅处，得来何曾费工夫；借得徐福东渡志，盛世奋起展宏图。

得一词条·君房

吾愿不揣冒昧或斗胆放言：四海之内，悉知大英雄徐福完整称谓者不出三两人耳。看官可知，古代有模有样之人物一般会有数名号存世：乳名、大号、字以及斋号。可惜如此周备良好之传统已被今人所弃，寂寂人生直到终老，只顶得二名以至谢世，却无有半点抱憾与惭愧。说到此吾可坦言相告，本人诞生于贫贱之家，房无一间地无一垄，即上无片瓦下无立锥之地也，识字即托伟人解放之福，又何求名号之齐全也哉？故今日腰悬名片上书大号串走四方也算幸运，从未奢望半途取字，文绉绉浪得传世之虚名也。一切皆因盛世不期而遇，百废待兴，人愈考究，行路以华车代步，生日则设下花宴，名号称谓亦变得五花八门。君不见稍有文化者则要毛笔架起，研墨铺宣，至少取下四五斋号，三两笔名，另有乳名本名以及最雅之物——字也！故笔者从善如流，知今是而昨非，立起直追，于近期摘取三字待定，一朝确立，即尽快印上名帖昭示天下。

话归正传不赘。人人皆知名后有字，却罕知字与名号之间有微妙关系存焉。殊不知立名固易，取字颇难——二者终须交相辉映，相得弥彰。这情势好似民间俗称：天猫地狗，配成两口。也可用话粗理不粗之成语道破天机，即名与字之间要狼狈为奸。既然如此，看官自然会问：堂堂徐福何以取字君房也？莫不是名号急需配伍而忙中出错也哉？百般端详，委实难找徐与君、福与房之间有何亲缘可攀。说到此吾不得不如实相告：笔者就此也颇为作难，再三琢磨仍不得要领，以至于夜不能寐，绞拧床上如同患了阑尾之炎，让一贯盼吾重病不起之内人桑子都不忍卒睹。白天抱缺觉少眠之躯继续思考，并遍查典册，以求真实。谁料想伟人之趣异于常人，到处渺渺无踪，毫无记载。总之此等隐秘一朝不解，于心难安，推敲不倦，只为真理。

如此辗转大约两年有余，终得一丝丝缝隙透出些许光亮。此事说来实在话长，笔者只得择其要者略叙一二，待看官心中明朗随即打住。却也为何？皆因此举实关险要，属于秘中之秘，万不可过分宣扬。这其中虽有为伟人讳之说辞，也有受文明约束之无奈。故在此踌躇再三，还是吞吞吐吐，取藏头露尾之法。最终解密皆因另一事端之发现：徐福婚事之坎坷，可谓举步维艰。照理说白面书生，一表人才，虽未必是方面大耳，却也算品貌端正；家境殷实，学问无双；一对吊眼，天生地勾人魂魄；两只白手，最适宜摸摸索索。既如这般优越条件，又为何三十而立，未纳妻室？要知道古人寿短，三十不曾婚配，急急乎难死活人！再说下了，咱先人本是身怀才志之男儿，凡这等人士个个性情火暴，人人难以匹敌，又怎能一等再等？一拖再拖？按常理，他们最宜于未雨绸缪，暗中多几个相好络绎不绝，也在情理之中。只可惜咱先人徐福殊无这等艳事，岂不怪哉？

却原来先人志向忒大，报国心切，万卷诗书，烂熟于心。看官可知诗书一物固可壮阳，然一旦操弄过激，则作用相反。咱先人即为诗书所害，君不见日日朗读，天天背诵，口角泛出白沫，茶饭尚且不思，又怎顾得男欢女爱？当年齐国也是天下淫事之都，艳丽之女随手拈来，袒胸露背双乳高耸者自不在少数。可咱先人熟视无睹，迎面错过，浑然不觉。到后来学成归里，安身徐村，本可谓衣锦还乡，人人羡慕，娶他三五房媳妇易如反掌。怪只怪徐福诗眼未蜕，不辨美丑，再说瘦骨嶙峋也不宜终日捣弄那事儿。在此另有情形亦不可不叙，即咱先人乃特别急公好义之人——何也？原来秦兵东进，学人逃窜，跟随徐福进驻徐村之人日增一日。他们一旦安顿下来，首要之事即是求偶。这其中有的年长未娶，有的散失一方，有的喜新厌旧，总而言之欲要完婚，何患无辞。这一来他们人生地不熟，一切全要仰仗徐福。咱先人东西相女，四下打听，至多时一日牵来十余女子，让饱学之士尽情挑选，终让其个个有所斩获，确立姻缘。据不完全统计，仅回归徐村当月，经徐福撮合而终成眷属者即三十有二！如此规模，上好女子势必所剩无几，又哪来尤物与咱先人匹配？悲夫！所谓近水楼台先得月，娇月却予以他人！

也活该是吉人自有天相，咱先人艳福不浅。合当是徐村曲折，街巷迂回，有些特殊人家按女不动，乃剩下仨瓜俩枣也未可知。话说有一至大丽女姓卞名姜，知书达理，眉目秀美，含而不露。该女身量高大与吾内人桑子无异，具是长腿美臀，嘴巴稍大。卞姜某一日与奔忙一天之徐福街头相遇，随即两眼发亮，酒窝闪闪，羞涩难当。君不见凡是美艳之女，必然羞涩过人，其中之奥妙当另文专述。这里只说先人机会来临，一切皆是天然。本来徐福遛街之时神色木然，不思情事，这会儿却一改本性，驻足大呼！这一来双双中意，日后势必难分难解，一切都在情理之中。说时迟那时快，咱先人即刻问下姓甚名谁，旋又写了帖子，寻求婚配，决不拖延。一时间晴空朗朗，大地回春，燕子成双，百鸟争鸣。也是咱先人有福，遭遇美人，心中突然一阵急切，于是乎确定本月吉日，完成婚配。

笔者查证几欲成立：整个徐村唯有徐福成婚最晚，按阴历算来年龄可在三十一岁零两个月。总之年龄不可谓不大，择婚之机不可谓不匆。然事出天然，顺应物理，但结无妨。当年徐村尚有群体听房之陋习，一俟天黑，新房前后老少咸宜，好不绵密。笔者暗忖，这般景象与时代科技落后不无关系：届时既无电影，更无电视，收音之匣尚且未见，村人寂寥无趣，故寻些热闹花絮也在情理之中。据后代人士相传，那一夜还算安稳，窗内悄无声息，直至拂晓，唯有几声长叹而已。

原来是情到浓时，无须言语。咱先人自知娇妻难得，倍加珍爱。卞姜年岁也不在小，常言道姜还是老的辣，二人一夜缠绵胜过常人数倍，却又能无声无响。

说到此，名与字即不难破解，聪明看官想必已猜个八九不离十——徐徐来临之幸福，正人君子之房事，简称“徐福——君房”。此乃隐语，是为纪念至爱婚配也。有诗为证：青春易逝如流水，洞房花烛有几回；但要夺得俏佳人，俱是天意无须媒。

得一词条·杀鲛

好个大鲛！此乃东海神灵所遣，盖因神灵不待见咱凡人寻觅仙山，一路上自然麻烦连连。这大鲛红翅甩挞，扁口一丈，长须数尺，巨尾大若船帆，体长七丈六尺有余，眼如铜盆。莫说是气力超绝，万夫不抵，单说这模样，也将人吓个半死。故出海者每每为其所伤，或被活活吞下，或于巨浪拍击之中船毁人亡。呜呼，可怜我徐福先人手下勇士无数，仍不敌这水中大怪。无论春夏秋冬，只要船队入海，行不出六里，即有大鲛翩翩而至，领队者砰砰打炮，尽是水炮；纵队横队，一溜儿拉开，好不威武。先人徐福下令以桨做剑，以橹代矛，结果是拼个鱼死网破，船队尽散。一连数日徘徊于近海，不得远行。原本是风平浪静，顺风顺水，一旦扬帆，不出三刻即有大鲛来袭。

近代研究者多半将大鲛判为鲸类，抑或巨鲨，更有甚者一口咬定是海豚无疑。错矣哉！错矣哉！君不见东莱海域，坦坦荡荡，渔事兴隆，真可谓国泰民安，一片欢乐景象。谁料知一旦求仙入海，即有大鲛纠缠，可见神仙早已知晓，心有灵犀，莫可混迹。如此思度其中奥妙，不言自明。咱徐福先人何等明智，诸事了然在胸，只不过巧装糊涂，拖延时日以骗秦王。

徐福闻听秦王一怒杀方士于琅琊台下，风吹泪绝，面无惧色。他头戴黑色四棱帽，腰扎青丝长围巾，脚穿方口黛帮千层底，上系宽幅手纺棉布腿带，手持鹅毛羽扇，不亢不卑，面见秦王。先施一弯躬大礼，而后侍立。秦王微眯双目，鼻垂悬胆，口喷恶气。宦官喝道："好个方士竟敢不跪？"徐福长揖："官家莫恼，东莱夷人礼数不同，跪拜者唯祭奠鬼神父母也。今见陛下无怠慢耳。"秦王吭一声："我来问你，朕命你入海求仙多有时日，为何不见绩效，难道成心捉弄与朕不成？"徐福美目一扬："大王错矣，自臣接受重托，即不敢片刻松懈，日思夜想皆为寻仙，唯苦苦不得矣。""那又为何？"徐福上前一步："啊嘿陛下，咱数次出海，都被大鲛所阻，皆因神仙知晓心事，故百般刁难！可见大鲛拦路，今生仙山无望也！"秦始皇听个明白，转身默默不语，暗自双泪长流。

始皇哭时，四周文武莫不低头噤声。自从秦王身体糟朽，少不得几声啜泣，下雨阴天则放声号哭。有一宫娥平时获宠，娇声缠绵，令大王怒生胆边，伸手抓住扔下高楼。四周大气不出，唯有徐福朗声说道：

“陛下休得悲伤，在下自有妙计！”

始皇隼目大睁：“从头细细说来！”

“依臣看来，神灵厌嫌吾等诚心不足；再说仙山之药价值连城，岂能轻取！窃以为欲取得海道便利，大王还需破费……”

始皇死死盯住徐福，大气不喘，暗自盘算：狡黠儒生巧言令色，欺骗与朕。大鲛何在？朕得亲眼一见，如若有诈，尔等必要身首异处！

秦始皇不曾直接道破心机，只眯起双眼：“既有如此大鲛，无须慌促，朕与尔等前抵东海，一探究竟便可。”

秦始皇起身挥手，文武百官一齐出动。浩荡车队从琅琊出发，直趋东海。海上巨浪翻滚，茫茫苍苍，片鳞不见，大王一瞥徐福，愠色难掩。徐福急忙施礼：“大王，大鲛原在东莱海域，那里才是大河出海之口！吾等还须忍耐心性，由此往前……”

车队一直前，沿海周转，不曾停息。徐福被唤至始皇辇上，同车者还有赵高、李斯。车队行至芝罘，只见碧波翻涌，寒色青苍。海面若有动静，顷刻间红翅拱起，掀巨浪高达丈许！徐福急急喊道：“陛下快看大鲛！”始皇两眼昏花，赵高一旁指点，呼声连连：“陛下正是，那厮红翅拍打不已，真真大鲛！”始皇立即发令：“弓弩手，给朕射杀！”

弓弩手纷纷蹿至海边，一瞬间弓弦齐鸣，箭如雨下。只可惜风疾浪高，大鲛跳跃不止欢腾而去，一霎时踪影全无。

车队继续往前。

行至黄陲。该地海滩平展，水浪汹涌不若芝罘。徐福一直盯住海面，不敢稍有闪失。正这时一队大鲛复又出现，耀武扬威游往岸边，嗵嗵水炮排空而击！徐福正欲呼喊，始皇已经抄起大弓，断然弃辇，踉跄奔往海边，立定引弓。大鲛中箭，却能戏水如旧！呐喊中弓弩手聚拢一处，箭矢如雨……一大鲛翅斜翻扭于浅滩之上，全体将士齐呼万岁！

徐福侍立一旁，待喧嚣渐渐平息之后，脱口呼道：“陛下好箭法也！”

得一词条·七十二代孙

徐村再生之日，必是事业兴隆之时。伟人盛世，佳话连篇。君不见长江滚滚，后浪追逐，几欲滔天！吾于东部沿海徘徊日久，驻足难归，以至于焦思费解，不得要领。却也为何？皆因徐村虽则皇皇有名，村风淳朴，近年也颇有小康之象，然终未有大器局之人物横空出世。天下事物必有一定之规，人间万象皆为自然铸就，既是名士故里、豪杰余脉，就当声色俱厉，不一而足。吾曾于常年学术考察奔波中得一见识，即凡是古来相门，状元进士者，久后门庭即便散落大野，若代代究查，亦可见异能之辈，他们终要出人头地，面目一新。呜呼，而今堂堂徐村仅出三两小康，一二乡约，实在不足为训，有悖常理也哉！

今有王姓如一者不辞劳辛，四处搜寻徐姓家谱，殚精竭虑，凤毛麟角，终有所得。原来风云时代，折戟沉沙，须戮力洗磨方辨得前朝踪影。战国时期，秦王残暴，动辄杀人又何止万千。秦二世更是穷凶极恶，血流成河，来日无多。故徐福先人一去东瀛，纵马不归，得志称王，二世那厮直气得七窍生烟，小肠喘气。布秦兵于东莱一线，以至于带甲十万，烽火遍地。郡县俱是按名造册，排查徐姓，稍有迟缓，即遭涂炭。良民不得安生，百姓含悲忍泪，骂过秦国无道，再咒徐福千刀。一时间天地无光，鸡狗悲伤，莱河流尽绛紫水，渤海满是虎狼声。先人徐福于行前四载即令乡民更名换姓，远走他方，可见目光之宏伟。唯有个别殷实私利之家，迷恋世俗积累，不思远谋；也曾有三五顽耿人物，自恃大丈夫左不更名右不改姓之气节，坐以待毙。此二者终受屠戮，惨烈之状不再一一。

详考氏族流变之学问，牵涉古文字学、家谱学、民俗学、人种学、人文迁徙学、地理学、考古学、星相学、占卜扶乩学、易学、海洋学、预言学、风水学、测字学、揣骨学，以及阴阳之道黄老之术，不一而足，说来实为天下之玄理，人间之妙门，非常人可孟浪涉足也。在下说也惭愧，凡四十有六，积月累年，欲穷天地之变、环宇之幽，查毫发之微细，辨闪烁之瞬息，终获得一门洞开，满眼豁然。然吾不敢稍有懈怠，终日惴惴，避内人而蓄生锐，遮常眼以求静穆。如此遍察山区平原，更有典籍野史，可谓韦编三绝，悬梁刺股，人瘦如荒年猫犬。在此不揣冒昧，放言唐突于方家，并就教于三老四严，望不吝赐教。

徐者，许者胥者；故三姓几近一统，混杂于东莱街市。也曾有些许人氏腿长心疾，暴走于燕越之地、楚韩之间。然秦兵悍矣，又加以外地口耳，不辨字音，故将三姓混杀也不在少数。一时间冤魂不散，乡党代罪。受此启迪感召，遂有大聪明者改徐为曲，暗含“冤屈”之意；再有更聪明者改为霍字，以铭记暴秦之大“祸”。于是其中唯有曲霍二姓存留最多，他们至今犹在，且大智若愚，以逸待劳。如此避秦直至陈胜吴广，项羽刘邦，天下揭竿一拥而上，翦灭无道。汉高祖元年天下归一，流散之徐姓始得认族回乡，一时间徐村炊烟又起。然霍姓之深谋又岂是常人可比，该姓始终未能尽数归村，仍旧于流散地怡然泊居，繁衍香火，子嗣接续。该姓不见于秦氏家族谱系，盖因庸常无知，且嫉贤妒能。实则霍姓最为正宗，意志坚强，于乱世而博弈，逢流年更进取，于是代代佳音不绝于耳，无须扬鞭自奋四蹄。个别顽劣者自是少数，或因为贫穷潦倒，默默存志也未可知，如霍莫来大人即是一例。

莫来者，徐福后人也，霍闻海之父也。该先生早已不在人世，劣行斑斑不必讳言，也为闻海所痛斥背弃者。然人有千失，必获一得，莫来大人混世一生，尚得至宝一件，即男童闻海。该男儿事迹伟岸已不需吾等饶舌，近来所编史册俱有记载。本词条仅为拨乱反正之作，所为无非指出霍姓实乃徐氏正宗也。屈指算来，莫来父也休为徐姓七十代，由此不难推演，霍闻海即为徐福之七十二代孙也！呜呼！万般苦辛，一朝铸成，吾等总不致半途而废，功败垂成。于此看官自当明白：万事皆有因果，也算机缘巧合，霍老赫赫然显露真面目也！

大哉闻海，谦谦霍老。该英男戎马半生，尔后下马从文，身居高位，腹富口俭，堪为北国之栋梁也！在此已可告慰徐福在天之灵，呼一声瀛洲先人！再说而今徐福研究日隆，东西呼应，大有不可一世之功。然各方会长，名实未副，牵强从事，不得要领。吾等有感于此，决心共克时艰，正着人八方运作，筹备国际徐福研究总会，并敦请霍老就任该会会长！

诗曰：风萧萧兮车辚辚，勇士下马著高文。长江后浪推前浪，且看七十二代孙！

得一词条·童男女

一说到徐福采药带走之童男童女，必会言及“千童县”。有人说该县置于河北，远在西北滨海是也！然究其原理，盖因先人徐福施行几次选美比赛耳！如今时兴选美，可知古时亦然！先人徐福是何等聪明人物，既然秦王金口大开，说爱卿只要为朕找来长生不老之药，寻到三仙山，尽可折腾无妨。如此这般，徐福才放手大干，放眼海内！话说域内邈邈，江河滔滔，人生几何，美女多多，先人徐福最爱霓裳，曾几何时搜尽粉黛。那秦王老儿在咸阳囤积若干美物，且有一座大型冷库，名曰“阿房”。说起阿房宫，气得倒栽葱，秦王老儿于渭水河畔高筑宫帏，贮藏美人，又不惜奔波千里，去齐楚燕赵寻觅艳女。大车嘎啦日夜尽响，马不停蹄，无非是装运美色，车里藏娇。那班女子原以为一步登天，去当娘娘，人人兴高采烈，个个摩拳擦掌，描眉画眼，好不疯浪。哪知到了地场，一并塞入冷库，几欲冻死。看官你道怎地？原来秦王听下李斯孬言，说东边保鲜海物，皆用冰冻之方，咱这里美女如云，一时也难以享用，不如先行保鲜之法。大王恩准，于是一些美女被活活冻死，另一些大呼小叫，库卒才不得不把温度调至零上十度，总算差强人意。

徐福先人之选美，不是羡仿秦王，而是志向远大，图谋久长！他之逃离，既非一时苟且之欢，更非小人图利之举，而是寻找平原广泽，冒死建国。君不见古今刀光剑影，血色喷溅，皆为一个国字也！立国必得人丁兴旺，一切全靠人民。然荒岛光秃，不胜鸟兽虫蛇，又何来人民？若此纵有天大伟力，也势必要忍受独木难撑之苦。所以先人徐福想出妙计一条，即以大鲛拦路为名，求始皇应允带走三千童男童女。言道：这些嫩嫩美物，大王既喜，神仙也概莫例外！试想大鲛几番阻拦，皆是海神故意难为，咱需出手大方，头脑活络，送上一些童男童女，如此礼物才叫厚重！以前遭遇大鲛，不是抛米即是抛面，连连扔些牛肉猪头，后果如何？照旧是人仰马翻，半途而废！却也为何？盖因我等吝啬，出手小气，所施小惠无非平常吃物，算不得诱人大荤！大荤何也？陛下自当知晓。所以言之，偌大一个国家，在给神仙送礼诸事，万不可小里小气，穷酸模样！常言道在家千般好，出门事事难；又说下：穷家富路也！总而言之陛下喜好之事，人家神仙也必喜好；陛下夜里搂抱什么物件，人家神仙也必搂抱！所以说以心比心，换位思考，即无往而不胜也。始皇闻听委实在理，然转念又有不解，问：“既然如此，爱卿在船上装些童女也即可以，为何再装童男？”先人徐福一捋胡须，躬身禀报：“陛下万岁万岁万万岁！您老聪明一世糊涂一时！就不曾想想女神？陛下总该让女神也有些欢喜吧，不然，男神有了搂物，女神还不气死？要知道天上人间俱是一理，女神等于半边天哪！”话已至此，一切皆明，始皇一拍膝盖：“朕就依你！爱卿可多多挑选，国内尤物尽你搜寻！”

一言以蔽之，先人徐福就此放手而为，故有本词条开头之所谓“千童县”。其实真正中选之童男童女，还以东部居多。盖因蓬黄掖一带，自古美人辈出。传言年前某领导亟亟，于东部尝试频仍，结果不出月余暴病而亡。呜呼！该领导音容笑貌如在眼前，现依为贤者讳之原则，暂且隐去原名也罢。总之当年选美，已为不争之事实。先人徐福就此可谓独具慧眼，一眼看去，凡是美人即休得逃脱。他们俱悉自己原为大海喂鱼之备，遂吓得呜呜大哭，屁滚尿流。然哭也无益，秘而不宣，机关内藏不可泄露。殊不知童男女皆宝贵之物，谁人舍得弃往大海？这等玩笑如何开得！先人徐福恨不得取来柔软棉花，个个包扎，人人呵护！

如同今日选美，点中只是初步，尔后则需训导培养，颇费工夫。徐福要教童男童女唱诗文、练身段，会诸多手艺：男童学打拳，女童学绣花。秦王之督察看过，大为不悦：“既然早晚作为鱼饵，又何必花费这扇工夫？”徐福朗朗而答：“老总有所不知，但凡神仙皆精细异常，心明眼亮，只一瞟之间即知吃物孬好，万不可大意疏失。原是美物，如能走有走相，坐有坐相，再会些许诗文，即便神仙也要欢喜忘形——他们心里一疼即舍不得下口，咱也就省下诸多美童！设若反计，一个个脏皮娃娃，远不似正经物件，大鲛一气之下，三两口吞下肚去，而后再问咱要，别说三千，纵有三万也是枉然！”督察闻听言之有理，遂即应允。

说是童男童女，实指原本贞洁之青春年少。婚者自然不取，因拖家带口多有麻烦，船驶海洋，孩子哭老婆叫，何等腻歪！再则，情窦初开之青年身藏爱力，深不可测！这爱力由春风吹拂一路，登岛时也正好焕然一新，“说时迟那时快”，届时可捉对相欢，为咱徐福先人呼啦啦生出若干孩童！总之一切都是现成，泛泛人民眨眼间也就生产一片！

个别研究者曰：徐福一旦出海，有权有势，恐怕是近水楼台先得月——在下并未亲眼所见，故不得造次。在此仅依据人生之一般常理，稍做猜度而已。可想当年选美，由春至夏，一鼓作气，徐福即便是天大本事，也难抵娇声憨语……好在先人尚有家眷，名曰卞姜，大家闺秀，貌似貂蝉，不媚不浪，举止大方。虽说未免于午夜小有染指，然终不致纠缠不休，弄得沸反盈天。凡举大事者皆能节制精神，蓄敛意志，在徐福而言，此不啻为小菜一碟。呜呼，呜呜呼，咱先人以身作则，满营里还算肃静，帆起帆落，操练不已，只待那好风一来，溜乎也哉！在下有诗为证：

顺风顺水好行舟，童男童女反朝廷；抬头一瞥皆美目，青春能抵十万兵！

得一词条·斋戒

先人徐福将三千童男童女尽数召集，艳阳下齐刷刷一片，何等欢欣！水嫩小脸儿于阳光下闪亮，胳膊如藕瓜，巴掌似佛手，新鲜且脆生，甜汁飞溅。先人恣得慌乱，吩咐人支起大锅一溜儿，投进莲子核桃花生栗子，再投进地瓜玉米高粱穗子，而后另开锅灶尽煮大鱼大肉。呜呼，水汽腾起十丈，百兽皆馋，哄然围拢，个个想分得羹水一杯。三千童男童女伏身大嚼，却也为何？只因个个来自穷苦人家，人人走出陋巷寒门，平日里何见此等伙食？徐福见其吃相内心欣悦，只愿个个口颊生香，人人肚圆膘满。

吃过一餐即要开始斋戒。这是上船前之大仪式，非道行深远之大方士而不能为。先是禁绝各种荤物，除鱼肉禽畜，更有葱姜蒜韭一干菜蔬。各类禁吃之物列出长长一条单子，贴在炊房之中。连吃三天斋饭，而后又服下粒粒安稳丸，只为戒躁戒急，从此安静微笑看人，恬然笃定处事，遂有一片和平景象。如此下去又是三天，大浴开始。这一场至为关键，任谁也不敢马虎。看官可知，该地方孩子整天泥一把水一把，屎里打滚尿里和泥，嘴上粘了地瓜糊，手上敷了百日灰，不细细搓洗干净神仙又如何要得。此理徐福与秦王之督导言说半天，土里吧唧之物方才听得明白。所有督导皆酒肉之徒，终日里喝黄酒吃羊腿，膻气刺鼻，自然不利斋戒。他们大吃大喝，不洁气息飘至童男童女之侧，皆因二者炊房相邻，馋得孩童龇牙瞪眼。为此先人徐福磨破口角，暗中送上银两，应允斋戒一过即请开宴，这几日先食用豆腐将就一二。

说起沐浴之事，有人即巧做文章，说什么童男童女皆被送往栾河，大洗三天；说什么连日里一条大河波澜翻滚，尽是上好大娃，戏水模样喜死两岸村民。还说童男童女个个身穿一条红色肚兜，像煞过年时张贴的“年年有余”中的抱鱼娃娃。并说他们洗得高兴，直唱了三天三夜小曲。还说徐福于三天辰光里身先士卒，扑通通跳入河中，与童男童女们一同戏水。林林总总不一而足，总之一派胡言，瞒天过海，司马昭之心路人皆知。

其实沐浴乃天大礼数，岂敢不慎之又慎！栾河乃浊流一条，内有鱼鳖虾蟹，更有水蛇，其余不洁之物在在皆是，美艳童子岂能轻易投入？再者，三千之数，四方搜寻，所费不赀，官府上下皆视若异珍，又怎能动辄施放于风高浪急之川？君不见今日之栾河尚有浪涌起伏，昨日之栾河又是何等狂暴！据考当年河道宽达一百三十六米，凶险之渊薮也！当年船行大海，必于此河起碇，真可谓人声鼎沸，夜不能寐！如此大川，平常人士避之唯恐不及，又怎会将皇帝钦定之少年美物如下水饺一般嗵嗵抛入？呜呼！呜呜呼！吾等万不能信也！

说到沐浴之佳所，实乃咱城郊五千年历史之“千年汤”，亦即今日之“徐福温泉”是也。此泉含上等矿物元素，营养超群，芬芳扑鼻，中外驰名，可想当年俏俏娇娃，何有不去之理？再说本泉乃温热之汤水，温度约四十二度五，涤荡脏腻，舒肌润肤，乃上上之选。老皮陈灰，瘙痒寒湿，脚气顽症，一触即灭。当地官府接到敕令，差遣衙役，封山围岭，只三五声吆喝，流民杂毛一干全无，顷刻间作鸟兽散。只见那温泉荡漾，波纹不惊，绿中透蓝，笑靥迎人。老先人徐福甩起长袖，率众生赶赴温泉，一个个喜气盈盈，眉开眼笑。那三千童男童女自然羞涩，站在那里宽衣解带，你我相觑，红颜薄命。咱先人徐福率先入浴，扑腾起来，阵阵硫黄直冲肺门何等惬意。小小童男顽皮异常，手脚并用，翻转筋头。小小童女含苞待放，小乳未丰，发髻尽散。女领班入得水来，接近徐福，软语相向，耳鬓厮磨，撩水弄景，惹得心烦。待一轮皎月升起，一片混沌，男女杂处，又是另一番景致。总之洁身为要，素心放平，内外双净，诚可对天。唯有个别人不得要领，终究也难调教。

洗涮三日，捞出一个细细观测，只见他们肌肤近乎透明，眉清目秀，小嘴薄薄，舌翘如猫。胯部腋部，腿裆尾骨，皆无一丝浊痕。徐福先人说一声“好也”，挥手发令，众童子这才呼呼出泉，取一把山草擦干躯体。余下事更为重要，即再入厅堂，合掌焚香，默立邈思。徐福先人乃制香行家，造丹行家，点火熏人行家。有先人引导，不仅是童男童女，更有百工杂役、秦王督导，一个个鱼贯而入，不得遗漏。一时间烟气缭绕，门窗吐雾，一片肃静。大芬芳熏得人鼻涕眼泪不止，喷嚏连连，嗝逆声声。督导们乃西部壮士，粗鲁蛮人，故这等场合少不得屁滚尿流，大煞风景可见一斑。唯先人徐福端坐静寂，掌心向上，双眼微眯，一绺长须飘飘若仙。好先人！未及入海求仙，仙体已备，谁个不服？且看那班秦王督导，一个个近神境而心慌，入道场自萎靡，衰败模样不堪入目。再看那三千童子，光鲜依旧，双目炯炯，环顾左右，宽衫大袍，格外神气！

熏香仪式费时不少，从日出三竿直至红霞满天，人人毛孔洞开，异香入体；个个心肺吐纳，内外雅致。司仪官声朗嗓高，众熏人按部就班，一通大礼行过，三揖对拜，方为圆满。

出得厅堂，仍须小心为要，节饮食，少思欲，远情色，绝杯酒。只待楼船一列排开，别过乡亲，毅然登舷。从此算是脱了凡尘，去寻神仙，万里长征，迈出一步。

得一词条·登瀛

登瀛者，必与出海求仙有关。盖因如此，此条之正名乎岌岌可危，不可稍有懈怠也！却为何也？皆因名利一出，万人相争，非要将咱先人夺到本地名下而后快，哪还顾得礼义廉耻！说起登瀛，必是初登瀛洲启始之焦点，于是乎这也登瀛，那也登瀛，一时间风雨大作，流言满天。究其实，吾市才是真本实料，有根有据，真真乎登瀛也哉！

说到此或有人伸指向东，指点登州海角，言说一小村名为登瀛云云。其实如此命名无独有偶，无分先后，不足为训。想当年沿海一带传说多多，徐福勘测也非三地二址，想必是东西巡弋，南北突奔，只为了找良港、觅佳所，何曾自囿于一端！沿途百姓，议论纷纷，指东道西，传说纷起！因徐福事功而得芳名者不可胜数，然究起航行历史，又非得求真落实不可，此乃历史之大义，后世之责任，举金刚之巨钻，凿千年之隐秘。正可谓拨乱反正，溯本求源，白猫黑猫，俱收囊中。话说公元前210年古历三月，季风吹拂，人心活络，百鸟鸣唱，咱先人徐福举事在即。本市东去十里之湾乃通河曲，水深矣形隐矣，其畔有小村影影绰绰，今谓之影影村。此村考证下来，影影实为瀛瀛，乃历史久远淹没真相之一例。瀛字乃古文之重镇，说来话长，非得兼有古航海与秦汉史之专长者方能释义，野村泊民哪能解得？故只好就俚依俗，胡乱称谓。

自影影村向东南一刻余，即抵海湾。此湾真真好也，大风不起巨浪，宛若祖国内湖，周边崖石微青，连接起伏山岭；入夜有野猫号叫，日出则百鸟欢腾；水色碧碧，浪纹绵绵，小鱼浅翔，大蛤深陷。有村姑携篮而行，移步款款，风吹小袄，细腰一拃；村民淳朴，乡风高古，以渔为生，其乐融融。当年海湾实一集合之重地，桅林密挤，风吹如哨，咱先人徐福为百船之心。一班衙役日夜逡巡，头插鸡毛，手持长枪，胸口一个秦字，何等嚣张！村民皆知此湾连接瀛洲，大事生发，就在眼下！一旦号角吹起，由此起锚，一去向东，即消失在茫茫大海之中。开拔前一月间稍为松弛，船上小童尚可下来透风喘气，与沿岸村民搭上三五言语；秦王督导也脸有笑意，见村妇则殷勤有加，以图私情。待二十日之后，风声渐紧，人不下船，船不靠岸；官民两分，男女有别。往日卖粽子者皆不得靠近海湾，武士督导横眉竖眼。船上大旗猎猎，腥风劲吹。猫头鹰深夜号叫，吓死活人。叼鱼狼日夜穿梭，形状疾疾。这时节咱先人徐福端坐舱中，口中念念有词，以求神仙保佑。那神仙一班，位列八面，有水流神、大风神、云神、雷神、霹雳神、擎灯童子、定针罗汉、守礁老母、海汊仙子、星煞、夜猫、阳鸟、雾哨、橹生、绠头、打烊老公、火眼、水豪、牧鱼王、锚家……不可胜数。

船队浩荡，出发时固然伟大，停泊间亦为壮观。故此处海湾，历史永恒，千年荣耀，享誉万载。君不见有小人胡编乱造，说什么这登瀛子虚乌有；又说是那登瀛或许可期。分明是狼子野心昭然若揭，这边厢已备下翻案文章。耗大资求专家纷纷东来，出大力一个个捷足先登。就不信驳不倒无耻滥言，更不怕有混淆黑白莫辨。逢盛世百事兴一马当先，壮声威破古谜岂有他人。吾小王名如一人微言轻，吾贤妻为名媛八方奔走。夫妻间通力做一事一毕，编词典再考证学无止境。市副秘本姓唐心智高明，大手笔抓大事挥挥洒洒。眼见得功已成告慰先人，恨难邀徐福爷共赴庆典。咱这里一而再，再而三，只记下本真事，天下流传。

得一词条·船场

贼有贼窝，船有船场。百艘大船，大者为艟，上下数层，皆铺地毯，宛若宾馆套间，应有尽有：偌大澡盆、小小丫鬟。可见资产阶级之思想历来深重，人民唯舒服是求。先人徐福平日里滴酒不沾，然而极爱洁净，每日里至少洗澡一回，逢月圆日外加熏香，以至于浑身芬芳，女人走近则频频吸鼻。先人原不好色，且重任在肩，脸相肃穆。内人卞姜者，年逾三十，徐村人氏，出身高贵，世代穿绸吃油。其父喜好丹丸，早已瞄上徐福，只为取药便利，从此丹罐盈满。卞姜身心俱美，贤惠修长，高鼻小嘴，两腮酒窝，最爱夫婿。年轻时厮磨缠绵，难免耽误工时，却也算切中情理。待后来夫君承担寻仙大任，她则唯唯诺诺，左右辅佐愈加殷勤。妇人深知秦王之暴，更晓其人乃西边蛮物，万不可掉以轻心。故船场一开，卞姜则料恩爱夫妻分手有时，后会无期。

船场即在海湾西山之麓。夫古来船场，必有三大要素：一则离海河就近，船成即可入水；二则取木方便，若奔跑百十里拖拽木料，岂不荒唐；三则有平场搭台，可令百工施展手脚。海湾以西即是此等地方，原是铁定不移，哪家若敢无理取闹，胡乱争执，定将其小鸡巴揪下喂鱼！

有人硬说徐福当年之船场，开在登州海角栾河营西去十里，惹得吾等火起，免不了连骂三声“扯鸡巴蛋”！如此好比官逼民反！试问栾河一带泥汤沸腾，脏水一湾，连叼鱼狼都避之唯恐不及，又怎会有人前去做船？栾河湾西侧自古风高浪急，海盗地痞横行无忌，最后又有倭寇来犯，凡此种种，怎能做得国家营生！要知道船场乃皇帝钦定大事，一丝一毫不得马虎，丢了船料铆钉事小，逃了木匠技师事大！

说到技师少不得唠叨几句。这班人马皆为国内最上等工匠矣，大河南北择取甚严，邻里有名，八乡出众，既有一等刀斧功夫，又见过水上世面。即是说除非真正率众做过大船者而不取。说来惭愧，咱中国一度是个旱国，水源不丰，故一时缺少船长技工；工程之师，原本少见，皇帝也愁。始皇曾几何时与徐福交谈：“爱卿听朕一言，吾等大事最后若有闪失，恐怕必要耽搁在航船之上！”徐福回禀：“朕所言甚是，臣在徐乡一带遍访技师，而后大失所望：其人造船虽多，惜为渔家舢板，只可用来捕捉小鱼小虾，若荡出大洋寻找神仙，那算是脚后跟给后脊梁蹭痒——”始皇最喜东夷俚语，此时闻听立刻双目瞪圆：“爱卿所言何意？”徐福咂嘴答曰：“挨不上边儿！”始皇心领神会，连呼：“正是也！”徐福皱眉蹙目：“在下必得沿东西海岸遍寻工匠，悉数请来。”始皇曰：“大江边上若何？”徐福摇头：“江畔人家只造平底小船，不可航海。”始皇说：“我又得一知识。”他与徐福相处甚欢，连连自语：“朕为何不能早日遇见爱卿？”

一连三月，先人徐福皆在海边游访。所以如今海内遗迹颇多，四处言说徐福，皆因先人当年巡地宽广。其时凡遇船匠，必先施一大礼，然后说明来意，许下钱物。如此这般，逾腊月总算将人备齐。技师们一个个背箱携锯，哼着小曲而来。只消半月，船场搭将起来，从此日夜灯火通明，天天嘁里咔嗒。那时节没有图纸，需大技师在地上画一原大船形，然后分头刻制木头。一俟船底做好，细工木匠则要施展功夫：他们个个雕花好手，人人锥凿行家；楼船上少不得雕梁画栋，手法但求工细。又因为打造楼船，技师中不乏盖楼能人，一干人马长于攀爬，一层强似一层，恍若为皇帝砌造殿阙！

最狠不过秦王督导，他们个个皆为粗人，两眼凶光，听命咸阳。说什么时间紧迫，大王难耐，急得一夜间生满头疮，小便失禁，故三月活计需一月完工！呜呼！一干人吃睡皆在船场，若日工不结，必用铁链将人拴于龙骨之上。这期间有人委实难熬，于半夜割断铁链，撒丫而逃。秦王督导四下捕捉，捉住者即砍去一足，曰："瘸子又何曾误船！"一时间血染船板，哀声动地。徐福先人牙齿咬响，几欲西去咸阳禀报秦王！然秦兵本是虎狼心性，笑曰：鸟徐福若非访仙寻药，陛下早就把你日了，自以为长了大人模样不成？！

徐福先人想火烧船场，又恨未能尽早扬帆。两难之间，拳痒难耐！大英雄终于想出锦囊妙计，即与众方士设下乌鸦大宴，备好烧酒数坛名曰"二锅头"。看官你道怎的？原来海里腥鲜秦兵不喜，村巷鸡狗又被其悉数捉尽，委实找不得一点肉星。方士们伸手一指树上，只见乌鸦簇簇，喜上心头。秦兵个个嗜酒如命，闻得酒香踉跄而来。酒宴设于一间厅堂，四周堆满柴火。俟一群秦兵喝得大醉，青壮村民即拥紧柴垛，遍洒鱼油，锁闭门窗，然后大火放将起来。

大火急烧一夜，一簇恶红悄然暗淡。

至半夜船场游兵始觉不妙，于是荷矛奔突，大喊大叫。这边厢早有技师青壮一干英武，备好斧头抓钩，一齐拥上，奋不顾身。厮杀从月亮惨白开始，直到月亮西坠，血色尽染。所有秦兵共五十三名，烧死三十一名，生宰二十二名。技师青壮伤十人，死五人。

先人徐福连夜修书，上写秦王督导或酗酒身亡，或纵欲丧身，剩余几个零星失足落水。文书差人送往郡守，据估计到达咸阳至少也得半月二十余日。从此船场兵丁皆由郡守指派，他们隶属当地武装，凶狠减半，再无砍足惨剧。至第二年春，咸阳复派一队督导，个个面色苍黑，强壮如牛，随地吐痰。

咱先人徐福得知：届时这拨蛮物必随船队一并出海矣。

得一词条·桑岛

自研究徐福东渡事件蔚然成学，桑岛即屡屡为人提起。该岛所在何方？杂说纷至沓来，研者多有究问，吾则不敢妄言，弃青灯而实勘，而今如实相告：栾河入海口正前方海域耳！看官作如是观，可知本典所载辞条，皆有根源，绝非随行就市，图小利而害大义。岛址既在他乡，却又能如此记录，盖因尊重史实，不得涂改也哉！

自古以来，着绸衣且风度翩翩者，多来自东方之夷人，号称东莱。东莱者，海角人氏也，喜好炼铁熬盐，养马植桑。这些人等，面目颇怪，眼凹鼻隆，几似洋人，却有些小小能为。俗话说他山之石可以攻错，既有佳事咱家为何不学？于是乎先人徐福八方打听，以寻良亩，种桑养蚕，图谋后用。想必是先人眼光高阔，计划大业，准备一旦寻到海外仙岛，长期居之，也要民众穿这上等的衣服。

咱家徐福从徐村出发，自备干粮，沿海边走走停停，腥风满怀，牵念国事。全国人口也众，何人能有徐福心事之多。所想净是大事，即如何欺骗始皇，可见诸项多有麻烦，万万不敢疏忽。咱徐福礼贤下士，为人低调，即所谓低调进取之人氏。看官会想，堂堂徐福远走他乡，身边为何不带一二秘书？难道业务如此繁忙，偏要事事独自料理？正是也哉。先人徐福是伟人内瓤，常人毛皮，看去平易近人，和蔼可亲，故一路常有若干少女顾盼。徐福则大步流星，要务在身，且原本不善厮磨，于是乎不消三天二日，过成山入芝罘，再去栾河。

话说栾河之口，其貌不扬，虽不宜作出海之港，却有对面海岛遥遥相望！徐福抃腰立岸，海风吹拂鬓发，宛若蓄留背头之长官，额顶开阔，双目炯炯。再看他腰挎宝剑，鞘上镶铜，远近观看闪烁有光。大英雄面对海岛高喝一声好也！你道怎的？原来海岛近在咫尺，离码头仅五里水路，中间碧水荡漾，无涌无浪。再看码头之上，百船待发，帆影翩翩，群鸥环绕。自码头至小岛只需片刻，甚是便捷。先人暗自思忖，喜上心头，即刻喊过船家，登岛亲勘。

先人此番登岛，活该顺应天意。原来岛上布满野桑，葱茏茂密；渔村古巷，海草屋顶，青石砌墙，煞是可爱。男人出海，村姑耕田，更有养蚕巧手，开坊缫丝。咱先人三顾茅庐，不耻下问，一问到底。岛民一时口耳相传，皆说南边来一美男，身挎宝剑，声音朗朗，甚有威仪。且说这岛上风俗不似内陆，村民常年食鱼，夹杂粗粮菠韭，迎风喊话，性格豪放，男丁个个勇武，女子人人浪漫。好女子火热心肠，心愫忒好，在在淳良，与男子过往毫无扭捏气、小家子气、骄娇二气，真可谓襟怀坦荡，松弛放达，视如亲人，不分彼此。再说自家男人常年出海，遇风浪更是连月不归，或有海难一去不回，故女子往往一人持家，自强不息，从不畏惧。

简单点说，徐福徘徊海岛时节，确实有些上好日月。受惠于众女，得益于钗裙，成事全在女流。就此应了一句俗语：咱自己浑身是铁又能打几根钉呢？故依靠群众之原理，两千年前已确存无疑。徐福考察野桑，料理蚕宝，改良土壤，苦研园艺，扩大耕作，一时岛上景象大变，颇似桑蚕之盛地，而非渔业之乐土。男女老少，女子居多，跟随徐福，乐此不疲。岛上人民自古男子少而女流众，今日更是浓妆艳抹，笑语连连。辛苦劳动，必有犒赏；闲暇易得，欢乐难求。咱徐福于大月亮天点起篝火，舞之蹈之，与民同乐！该场景少不得美酒佳酿，三杯下肚即胡言乱语，手足无措，界限不清，好在岛民宽大为怀，未予深究。个别人投怀送抱，先人难拒，明晨醒来，自责甚重。

故从长计议，还需携来家小。所谓家小，无非卞姜。咱先人徐福择吉日良辰，派船谴只，接来家眷，从此同居茅寮。一时间满岛争睹卞姜芳容，街坊邻里议论纷纷，都说夫人难配先生，而且相差万里；唯有海上归来之壮士大肆赞美，谓卞姜乃天仙下凡，愧愧然不敢多观。他们夜不能寐，起坐饮酒，携酒奔寮，言说海上奇闻怪见。徐福爱听风浪故事，海市幻影，大鱼消息，每每放言直至天明。卞姜则夫唱妇随，煮酒备茶，稍稍憔悴也在情理之中。总之岛上三月，春阳灿烂，人心不古，浪漫异常。与此同时桑事大进，丝绸绚丽，只待五月，裁衣上身。从此岛上色彩斑斓，风和日暖，长袖吹拂，飘飘若仙，气死宫嫱佳丽。

究历史之因由，该岛实为徐福植桑基地无疑。如今岛上遍地野槐，桑枝少见，有人故质疑再三。其实呆头不必呆脑，大可活络无妨，试想徐福率船队出逃之时，正是秦兵咬牙切齿之日，所有关乎先人旧址，在在必毁。想必是张牙舞爪，狼吞虎咽，恨不得一举掘尽岛上桑枝而后快。由此推论，如今哪还有桑林茂密之情景也哉?

吾曾私下三勘该岛，届时携内人同往。内人非同一般，每每有惊人语，谓之：何必苦寻大海渺处之仙岛也？此岛即有一比！人居此岛，衣食无忧，男子犹有艳福！内人腿长目美，浓发滚滚，日常过往皆为高阶名流，乃见过大世面之人，其感叹必定非同凡响。但愿今日之桑岛，管理者博古通今，以史为鉴，保护环境，不污不染，再上层楼！在下每言及此，总难掩拳拳之心，即建议该地能否不远千里前去徐村，延揽人才，以继先人之伟业，再展故地之华裳？在此斗胆献言，不胜唏嘘，咄！

得一词条·稷门

高士曰：天下文化，皆出稷门。说到稷下学宫，这里只可用两个字来概括：阔矣。学宫就盖在稷门之下，即齐国都城西门或南门，故而得名。然而到底何门才为稷门，近代学者争论不休，龇牙瞪眼，慷慨陈词。古谚云：天下无处不学问，故关于稷门之址，或西或南之研究，不可不严重对待。吾在此郑重建议国家：应出一专门刊物，取名《稷门》，并成立“稷门学会”，下设若干分会，以示隆重，广纳百言。如此显赫逼人之天下第一门洞，竟然至今方向未定，实为国家之耻、民族之辱。齐国乃东方大国，当年金钱盈罐，无处抛撒，遂盖起高房大屋，延揽天下饱学之士，让他们一天到晚吃香喝辣，尽享荣华。那是何等成色，学士为大，任谁也不敢奓刺儿。君不见豪言壮语，满街俯拾，连拣粪的老汉都能出诗答对儿。当年稷下先生数千人士，个个待遇不薄，人人趾高气扬，想必是华服耀眼，游手好闲。他们出门有轿车，在家有美酒，娇妻侍一旁，低眉端小菜，不恭则罚。一个个于缠绵中著书立说，乐此不疲。吾辈向往稷门久矣，只可惜生不逢时，空掷悲叹。但花开两朵，各表一枝：吾国当代亦有高招，尊重知识，尊重人才，虽口惠而实不至，却也算聊胜于无。君不见技术发明，受奖百万，一家老少，再无忧矣。由此及彼，推人及己，但愿今日吾之词典，上级亦能多多厚爱，并深知其价值远非一时一世所能丈量。堂堂中华，岂可无典？敢问赫赫稷门，当年又产生过多少词典也哉？

稷下千人，七十六上大夫。淳于髡、孟子、荀子皆尊为卿。孟子出门，浩浩华车跟随，警车开路，呜哇呜哇。如此出行虽然扰民，但也算出一口恶气，令他人刮目相看。“吾善养吾浩然之气”，此乃孟子语也，吾想此气概源于豪华之车，以及警车开道矣！如果穷酸陋相，尖嘴猴腮，动辄被打，且看他浩气何来？故吾等知识人士，喜爱稷门，事出有因，还望今日执掌权柄者多加体恤，并能够举一反三，大发津贴，广开财路，壮吾声威。说到此在下不得已而言及内人，隐隐中声泪俱下。该女身高一米九余，肌若白雪，身穿皮草，无往而不胜；曾几何时搬弄淫巧，尤喜内讧；见权势者奉若天神，将结发则视为草芥！堂堂男儿，岂有忍受欺凌之理？古时红袖必然添香，贵人纳妾，十之八九；而今穷则思变，物极必反，咱知识分子尤怕老婆，母老虎一声断喝，茶水倒流。如此下去，中华何能振兴？富强几时可待？统观天下各色民族，男女平等只可作为标语，实则男尊女卑方是正途。自古以来男儿勇气远非女子可比；偶有悍女赤膊杀敌，仅为一时之花絮。君不见先人徐福，男儿身也，千古一帝且被他骗得，又何况纤纤女子！先人伟业，日月同辉。而同期之女流，美艳者不过贮于阿房之宫，或凌辱致死，或昼伏夜出。

说到徐福先人，则不可不提到稷门。何也？原来朗朗书声传到徐村，终于惹得乡亲耳痒。老徐自备干粮，骑驴夜奔，直访得三两师傅，大开眼界。皇皇稷门，好不繁华，真可谓声色犬马，商贾云集。不解者唯有一事，好男儿既然血气方刚，如何端坐闹市之中？一旦上街，粉黛缤纷，与干柴烤火何异？呜呼！咱先人心存疑惑，闷头苦读，明辨阴阳，通识九州，直追邹衍。当年有儒道名法墨，阴阳小说纵横兵家农家，诸家并列，能者多劳，唇枪舌剑，硝烟滚滚。虽然是兵不厌诈，却能够不伤和气，一笑泯仇，百花齐放，百家争鸣。却也似麻雀投林，啁啾不已，一鸟声高，一鸟展翅，翅若黑长，必是鹰隼。咱先人装痴卖傻，学习良方，搓制丹丸，自服服人。那时节能人班班，怪技迭出，令皇帝老儿俯首帖耳。有皇帝端坐听课，听到酣处，连连检讨，所吐露者皆男女私情，即所谓“寡人有疾，寡人好色”。可见当年学士，声威之壮，舌如利器，百战不殆！咱先人一见神往，二见倾心，厮磨不去，学得真经，一十二载。故其骗人之术，不外乎稷门所授，亚圣亲传，虽非专项研究，也为旁门左道。总之求学稷门，不可不记，咱先人交游甚广，从东到西，自南向北，步履所至，皆有斩获。

说话间星转斗移，直移至公元前210年许，机会来临。咱先人携稷门之余孽，偶偶东行，藏于民间，砥砺意志，克己复礼。些许学士，忙于功名，老大不小，光棍一条。咱先人徐福先人后己，为他人做嫁衣，一个个学士皆圆满婚配，安家徐村，遂生下一些小聪明。徐福最后完婚，美色暗自收留，名为卞姜，幸福不已，此乃后话。且说他一心反秦，蓄须明志，蓬蓬一把，像个老道。村人见徐福皆一腔尊敬，称之为先生或长老。徐福索性着起长袍，上画阴阳之鱼遮人耳目。这好比一篙在握，专等风起顺路行船；又好比手持钢刀，只待月黑风高奋勇杀贼。期盼焦心，四十不到即添白须一绺。那卞姜也是美人坯子，一度见异思迁，幸亏先人使计将其降伏。只不过一旦船行远洋，夫妻事情又当别论。徐村里一班浪子，淫荡异常，七十二变，招招追时，与时俱进，花心怒放。可怜咱先人徐福英雄气长，儿女气短，撇下娇妻，留给街痞。唯可欣慰者乃满船美女，个个皆宜，人人亲近，咱徐福也非省油之灯。

所以说稷门之功，功在求仙。瀛州三岛，志在必得。此一词条，实为正名：前有著作歪嘴说书，大言不惭浑说稷门，张冠李戴，将好生生一个稷门说成皇家大院，一班学士皆为贱臣。究其实封建专制，声威固大，但毕竟难抵方士丹丸：一丸下肚，即便皇亲国戚也要满地打滚，哪还有心发刁使坏！方士们头戴小帽，方方正正，丝绒衬里，冬暖夏凉，来往于酒肆茶寮之间，放浪于花街柳巷之所。一个个色胆包天，高谋远就，虽不杀不足以平民愤，但也属一代豪杰，永垂史册耳！耳！

得一词条·红甲板

我必须郑重指出：徐福船队即从该市东南十三里半之海湾出发，千真万确，不容置疑。今后他人无论是搬弄典籍还是放言会堂，任其巧舌如簧，都是扯淡。还有人借东洋以至暹罗人士来华，指指点点，妄加评判意欲混淆视听，竟说当年船队是从登州海角的栾河湾启航，沿辽东一干岛屿蜿蜒东去，吊儿郎当漂洋过海。天哪，夫复何言！夫复何言！说到此吾陡生气愤，气不能忍，嗝逆连连，恨不得当场揪来鸟人，与之拍案理论。试问挟洋人鬼势而抑国民之心志，借力打力，伤害学术，此等恶举，与刑事犯罪又有何异？故在此吾虽忙于编纂，席不暇暖，仍要给某些人士发出严厉警告！船队之连绵，不可谓不浩荡；举事之隆重，不可谓不盛大。然篙痕未息，即指鹿为马；帆影才隐，却混水摸鱼。幸有侠士姓王名如一者，路见不平，鸣金而起，插刀又何止两肋！

好在本词典一旦面世，谎言即破，届时可稍息怒火，沏上绿茶一杯，从容做海上叙说，不妨侃侃而谈。话说咱先人统领战船千艘，挺立甲板，黑披猎猎，俨然一海上大元帅！苍脸秦兵握剑弄枪，东西癫狂，没事找事，贼眉鼠目。西部蛮子本是土生土长，自幼少水无船，一入大洋即屁滚尿流，上吐下泻，狼藉斑斑不堪入目。咱先人以及幕僚却好似那鱼儿投水，更添精神，戏水弄波好不畅快，不出二十日，遂养得膘肥体壮。再看那男童女童，更是欢欣，适逢三月情意绵绵，你瞅我看眉目穿梭。眼见得爱情火炽，不可收拾，咱先人只得以身作则，咬牙示范，也少不得苦口婆心，这才将一船青春安顿下来。

船行月余，果有大鲛排排而来，喷水扬波，好不威赫。秦兵一看，格外眼红，自以为厮杀在即，抄弓弄弩。谁料想徐福捋须含笑，登上船头连连击掌，又扬袖做召唤状，群鲛则直立摇头，欢舞鸣叫，嘤嘤之声好似稚童。船上人士皆由惧而惊，由惊而喜，喜极而泣，合掌感谢上苍。秦兵弓弩，引而不发，好生无趣，难免有三两蛮子射出箭簇，又被徐福厉声喝止。船队绕礁岛，过激流，俯见鱼翔浅底，仰观鹰击高空。披星而戴月，日夜更兼程，于丑时吃些糕点茶水，喝一杯故国老烧，甚为惬意耳。最大楼船宛若帅府，悬灯垂帐，令行禁止，不得有误。可怜秦兵空握权柄，如狼似虎，不通水性，离岸则傻，一路上妒火中烧却又无可奈何。咱先人徐福则大计在胸，不慌不忙寻找茬口儿，只等那时机一到，手起刀落，让强虏灰飞烟灭。船行万里，终有落帆靠岸之时，忍让再三，必有怒火冲天之日。咱先人饮酒赋诗，一派逍遥，实际上诡计多端，阴险毒辣，以毒攻毒。秦兵遇风浪则呕吐，卧伏甲板如同爬虫；逢晴天即蹿起，凶眉恶眼暴饮暴食。一个个污垢肮脏，好不浊臭，吆三喝四，恃强凌弱。船行半途，竟有秦兵借口查铺，凌辱童男童女，以致半夜闯入他人舱房，搜寻诗书百般刁难。百工震怒，童子侧目，咱徐福却能安然打坐，好不恼人。

秦兵海上日久，心生疑虑，再加上食鱼饮腥千里颠簸，人人蔫里吧唧，个个好似困兽，然而困兽犹斗。他们胡须奓起，张口始皇闭口大王，威逼方士速速登临仙山，不得悠游海上。徐福打坐，秦兵则一旁监看，徐福出舱，秦兵亦不离左右。呜呼，似这等虎狼之兵持刀荷枪，有五彩仙山也会稍纵即逝，有神仙露面也要吓个趔趄。要知道寻找神仙自古以来就是个细发活儿，好比从卷毛狗身上捉虱子，哪容这般蛮横悍暴，一天到晚骂骂咧咧。不是不报，时候不到，时候一到，立刻就报。看官可知这船上所装皆非凡物，除上好之五谷良种，再就是普天下之能工巧匠；更有美妙童子，一个个守身如玉，描眉画眼，貌若天仙。总之所有老少人丁千般物器，莫不是精心挑选而来，即便如丑陋之秦兵，也属蛮子中最为悍暴之脾性，手脚粗大老皮苍苍，个个都力举千斤。他们杀鸡也使牛刀，嗜血如命，生吞活剥。徐福深知航船靠岸，蛮物一旦脚踏实地，势必凶多吉少。欲要除之，一须巧借海力，二须布下机关，合船发力，众手屠贼。咱先人虽然胸有成竹，只可叹无法抽竹赠人——贼兵一个个双目大睁，察言观色，日渐残暴，稍有不慎即全盘皆输。

先人打坐，秦兵招祸。咱徐福是何等伟人，万千险阻自然不在话下。他以海上斋戒为名，连日里奔走舱房，一个密令口耳相传，只待信号升起，一齐杀将起来。约定举旗为号——只要帅船桅顶有红布吹拂起来，即要杀戒大开，什么篙橹铁锚，网具麻绳，攮子小刀，皆为武器。届时将鬼哭狼嚎，百折不挠，摧枯拉朽！

阴谋既定，只待风波。大海翻腾恼怒之时，咱先人也将火冒三丈。别看他斯斯文文，白脸黑须，一朝发起雷霆，秦兵毁也。话说等待时节，最为难熬，虱子泛滥，日夜挠痒。再看海面一平如镜，鸥鸟慵懒，甲板稳如陆地。一班秦兵得意扬扬，饮酒吃肉，消化不良。这一等半月有余，咱先人口舌生疮，嘴起燎泡，急躁间作风也难免略有失当。某一日夜半开始饮酒，直到黎明，正欲推杯眠去，忽觉得山摇地动，犹如虎狼号啸。咱先人大喝一声有也，掷杯于地，摇摇晃晃走上甲板，这才见乌云压桅，水浪滔天，即“四海翻腾云水怒”之状也。再看可怜秦兵，无一人可站安稳，抱戟打滚，搂枪啃泥，脸朝下亲得甲板吧唧吧唧响。徐福哈哈大笑，仰天一呼，道一声老天助我，遂返舱续饮美酒。如此这般直等到正午时分，秦兵个个呕吐干净，小脸蜡黄，咱先人这才举步向前，将红色小旗一丝丝升上桅顶。

远远望去，乌云翻滚间只见得桅上火苗闪闪，煞是可爱。十里船队首尾相连，皆得号令，突然间怒吼成片。那秦兵终是虎狼脾性，腹痛而愈加生猛，呕吐更奋力拼命，卧地挺枪，打滚扔镖，近则用牙撕咬，远则使箭劲射。战斗至三五回合，咱先人始知蛮人之勇，勇于野猪；悍人之凶，凶似豺狗。危急之间，故有登高之呼，励志之号。众童子及百工志士闻鸡起舞，舞刀抡叉，鱼死网破。好一场海上反秦大战，惊天地更泣鬼神，史册无墨，此典补记。一时间，甲板滚动哀号者大抵秦兵，捂肚厮咬浑踢者无非贼人。小小男童腰扎护甲，手持短刀，扎人更狠；娇娇女童三五成群，挽起麻绳，勒人气绝。独有英雄驱虎豹，英雄又何止万千；哪有豪杰怕熊罴，豪杰则无分老幼。叹童子小小年纪即染一双血手，实出无奈。大风里天人共怒，舟船中男女齐拼。有诗为证：三千童子赴瀛洲，一腔热血壮志酬。若非杀得贼子退，今生哪得来自由。

诗毕言归。话说徐福登高一呼，众人奋勇，胜利可期。秦兵虽悍暴而量寡，虽技高而途穷，更有连夜风高浪急，天不襄助，苍脸壮士呕吐排泄，已是强弩之末。如此厮打直至太阳西斜，乌云消退，晚霞满天，一霎时风平浪静，楼船无声。再看那甲板之上，红色一片，夕阳普照，更添一层。众生肃立，满脸哀容，杀生之后，怜惜复萌。咱先人慰勉鼓励，手指东方声声入耳，说仙境言神山，道尽暴秦之恶。船队打扫，血渍难去。死者甚众，无分敌友，一律水葬。一通完毕已是黎明初来，朝阳升起，万象更新。海鸟连贺，童声呼应，船队浩荡驶向仙山，时不我待。于是乎一曲凯歌，哗然奏响，壮哉中华，千古传诵。大诗人如李白者情不能禁，放声豪咏；一级研究员如一者感慨万千，力撰词典。当然内子有功，百般助力；秘书再加，火上浇油。总之众人拾柴且恰逢盛世，方有玉成。在此完璧归赵之日迫近，如一两手拱拳，一谢再谢，并附记于此，咄。

第三章　造船·射鱼

造船

芦青河入海口热闹得很。这里彻夜灯火通明，旌旗遮天；斧凿声砰砰叭叭，像爆竹一样炸响。这是秦王新辟的一处造船场，齐地最好的工匠都汇聚到了这里。送饭的村妇排成长队；监工的武士握着宝剑。

这是公元前210年。秦王第二次东巡，自成山头来到莱山月主祠，拜过了月主，又亲临船场。许多人都不认识他，工匠们更不知道哪一个是威名赫赫的秦王。旌旗蔽日，从未见过的华丽车辆堵塞了大路……

船场上的人没白没黑地刨、凿、锯。一下要造这么多大船，所有工匠生来还是第一次经历。他们从林子里伐来了最大的柳、柞、松、杨，还采来了青冈和檀木。船的龙骨要打造得结实又美观。船缝里涂的油脂要选最好的原料熬制。

有的工匠受不了这份辛苦，半夜里逃跑，捉回来就被戴上了脚镣，锁链的末端干脆铆在了船体上。在大船下水之前，他们一步都不能离开了。

一个谣传在悄悄飞走：所有戴脚镣的人都要在大船下水时作为祭品抛到海里。这使工匠们惶惶不安。他们一天天消瘦，有的开始咯血。

又有人宣旨：秦王命工匠在这个冬天把三百艘楼船全部造好。

一俟海上的冰块融化，大王的船队就要出发。这支庞大的船队到底要开向哪里、去干什么，大多数工匠都蒙在鼓里。

有人不知从哪儿打听来消息：

这支船队要载上最好的弓弩手、五谷百工和面容娇好的童男童女，到海天迷茫的无限远处，寻访仙山蓬莱，采长生不老之药。

工匠头儿叫老七。他祖祖辈辈都打造渔船。老七祖父建造的渔船现在还出入惊涛骇浪。可是他的世家从未打造过战舰。

那是一年以前，有人把糊糊涂涂的老七带到一个地方，去见一个侍官。他们展开一些图形。老七不断地摇头。那都是从西边带来的船样子，是用于湖泊渠汊的平底船。老七又粗又老的大手捏起一个炭棒，把图纸重新描画了一遍。这些画在树皮上的图形一会儿就给涂得乱七八糟。侍官有些火，操着尖利的异地口音嚷个不停。老七听不懂他们的话，只顾自己画。后来他们就把老七涂好的图形抱走了。

几天之后传下旨意：就依照老七的图形打造楼船战舰。

开工的前一天，老七右臂上被拴了一条粗麻绳，有人牵着他，走了不知多远的路，来到一个巨形帐篷。帐里坐了一个脸色蜡黄的老者，瘦骨嶙峋，说话有气无力，身上散发着一股铁锈味儿。他头上戴了一顶金黄色的圆帽，这使老七觉得甚为怪异。有人大喝一声，老七虽然听不明白，但还是跪了，嘴里发出一声：

“大王……”

胳膊上的麻绳被狠狠一揪。老七知道喊错了。

老者声音放得很慢，显然怕老七听不清楚。那声音要多奇怪有多奇怪，简直像是鱼嘴里发出来的：

“你绘之船图，经百工增减改定，就是如此式样了。大船二百，小船一百。三百只楼船——明白了啵也？明年春天海冰融化，船队出海……”

老七像拜佛一样，不停地作揖。一边的武士忍不住笑。

老七被人从帐里牵出。老者又在里边发出一声闷叫，意思是让人用车把这个手艺超绝的工匠送到工场。外面的人响亮地应了一声，把他牵到一个蒙了毡子的大车旁。四匹马被一根横木连在一块儿，何等气派！他上了车子，不断歪头从窗口往下看，看下边转动不停的木轮。这些轮轴都是用特殊的木料制成的，光滑坚硬，车子跑得很顺畅。

他一路琢磨，总想不出车轴用了什么木头。他的手按到了脑袋上敲击。敲了两下，想起父亲曾经告诉：西山里有一种木质金黄的树，又硬又滑，用刨子刨光时，摸一摸就像打了蜡——肯定就是那种木头啦！

车子还没有驶进工场，就有好多人围上来。他们端量着这乘大车，以为来了重臣。还有的以为来的就是秦王，赶紧匍匐在地。一些工匠手里并没有放下凿刀和斧子，伏在那儿让人害怕。武士用鞭子把他们赶开。车子驱向前方。

老七从车上下来，所有工匠都愣住了，手里的凿刀掉在地上。

从此以后，老七成了一个神圣不可侵犯的人。连平常一些工匠伙伴也不敢正眼看他，说话的时候要压低声音，迎面见了要低下头。他们轻手轻脚地走……

老七火气大了，不断地斥骂他们。他觉得这些老友不知为什么变得可恶之极：有几个看上去甚至有点獐头鼠目。不过他觉得他们干活倒是肯卖力气。

有一天夜里，烘烤木料的火堆不小心烧着了一堆裁好的木料，结果十几艘船的用料半天工夫化为灰烬。那天正好吹着西北风，海浪和风声搅在一起，助着火威。所有人都慌慌地呼喊，拼命救火。武士们的宝剑在剑鞘里“刷刷”推拉，吓得人大气不敢出。

老七站在一个快要完工的船顶，喊着不要乱跑。这喊声十分见效，所有人不再四处跳蹿。老七赶紧让人分成几拨：一拨人把快要完工的船体移开，另一拨人用沙土往燃烧的木头上泼。这样折腾了半天，一场火才算止熄。

第二天秦兵传令：所有守夜的更大都要严惩。那些吏夫都是一些搬不动木头的老头，他们手持一个木梆，整夜围着工场游动。十来个老人这会儿都给锁链串到了一块儿，瑟瑟抖动，牵到一个最大的木船旁边。一个武士当着工匠们的面，把一个老人的脚砍了下来。鲜血像喷泉一样涌出。老者撕心裂肺长喊一声，倒下了。鲜血溅在了木船上。所有人都一声不吭，脸色蜡黄。

一群人迎着武士跪下了。这帮人当中就有老七。他昂起头，看见武士的刀又伸向第二个老人时，急忙大喊一声。刀停在半空。老七乞求起来，武士就提着刀迎他走去。这会儿有人匆匆扯了一下武士的衣襟。那个人是秦王的侍臣。他们耳语一阵，武士就收了刀。侍臣对老更夫们说：

“今个饶了你们，不过也不能一点惩罚不给。”

他让武士把那些老更夫每人砍去了一根手指。

最先被砍去一足的那个老头已经昏死过去。武士刚刚离开，工匠们就围拢了他。

老更夫死了。他的儿女们号哭不止。很多人都随着他们哭起来。

那天傍晚，老七领人把老更夫埋在了芦青河入海口的沙滩上。他们把坟堆垒得很高。但过了一夜，海风又把坟堆吹平了。他们又重新垒一遍……

天凉了。武士们的催促像狼嗥一样。尽管不断有人被戴上脚镣，钉在船体上，但还是有工匠逃跑。最后所有逃跑的人被抓回来，都被砍了扔进海里。

工场一角是熬制油蜡的地方。那里日夜烟火腾腾。熬蜡师傅双眼垂泪，又红又肿。烧火的是一些老婆婆。蜡汁在生铁大锅里滚动，鼓起的气泡破碎时，发出一声声闷响。她们在锅底下烧鱼。

有一种鱼身上长了糙皮，当炭火把皮烧焦时，一条鱼也正好熟了。老婆婆和熬油师傅一块分吃，鲜味直飘到做船的工匠那儿。他们盯过来，连武士们也不时往角落里望上一眼。有个老婆婆捧上一条鱼献给一个武士。武士接过来嗅了嗅，扔到地上。老婆婆跪下去捡鱼，被武士踩住了手。直到那脚松开，老婆婆才往后退着离开。武士把鱼拾起，剥去焦皮吃起来。

隆冬就要过去。河边上的柳树发出豆粒大的毛芽。河水响起噜噜声，冰块在夜间嘎嘎断裂。春天眼看就要来了。

三百艘楼船已到了最后阶段。已经完工的大船开始上蜡油。由于时间赶得紧，老七成了一个有功的人。侍臣把工场进展情况奏了秦王。秦王大喜，传旨开宴两天。

所有工匠，包括钉在船上的那些人，一块儿豪饮。

这一天真是喜庆，有人不停地吹响号角，呜呜的声音里有隐藏不住的欣喜。工匠们相信，再有不久他们就可以回到自己家里了。那时候这些船就要驶到远处去了。他们越想越痛快，不停地把甜酒灌下肚去。羊肉和牛肉不断送上，工匠们吃得肚腹滚圆。

有一个头戴四方黑帽，满脸灰尘的老者，拄着拐杖捋着白须，一步三蹭走到了船场。由于他的打扮和神态与所有人都不一样，也因为是个高兴的日子，武士们犹豫了一下，没有呵斥他。他笑嘻嘻讨了一碗酒，问谁是这里的工匠头儿？他要敬上一碗。有人指指老七，他就走过去。

老七正坐在船底自饮自斟。老者与之攀谈，敬了一碗酒，老者大喝一口，说：

“秦王是个俗人。俗人就是贪婪东西的人。我今个就是来看看这个俗人又做下什么有趣的事儿……”

老七吓了一身冷汗，急忙伸手捂他的嘴巴，被老者轻轻拨开。他正正四方小帽，问：

“这些船有什么用？”

“陛下要差人到大海里去寻长生不老药哪。”

老者哈哈大笑：“他多大年纪了？就是采得回，他又等得起吗？”

老七不语。老者又笑起来：

“这个山里人哪，不安安分分待在西山里，往东跑这么远，还领着一帮闹事的人……真是个俗人哪。俗人太贪了，注定没有好下场。”

老七牙齿磕碰着碗沿儿，不敢搭腔。那个老者为了让老七静下来，就伸手拣起一块炭棒，在船底画了几个方块，又掐了一些草梗：

“咱老哥俩一边喝酒一边下棋，怎样？”

老七抖抖地放下酒碗，捏起草梗，和老人下起棋来。老人走一个子儿说：

“一天一地一盘棋。”

老七迎过一个子儿，老者又顶上一个子儿：

“你我下棋，若不用草梗，用刚造出这些大船做棋子，又会怎样？”

老七呆看着他。

老者捋捋胡须：“若用这些大船做棋子，你我就是秦王。”

老七的脸又变得蜡黄。老者的手按按他的肩：

“秦王嬴政嘛，也没有什么，不过是个爱玩棋的人。跟你我这会儿一样……”

老者说着又顶过来俩子儿。老七凝神一看，这盘棋已经输了。

老者哈哈大笑，顺手抓起酒碗，把满满一碗酒仰脖儿灌下。

这会儿老七忽然听见船舷那儿有喘息之声。探头一看，见有人藏在那儿。老七抖抖地说：

“下面下面……下面有人听见了。”

“那又何妨！”

他让老七继续喝酒。老七慌得拿不起碗，老者已独自摆下了又一盘棋。

摆庆筵的日子正逢秦王第三次东巡。这天秦王宿在黄县城内。那个偷听的人正是一个赶来参加盛宴的老臣，他于是不敢稍息，急急乘车而去，禀报了大王：

“不好了，工场里混进了一个异人！他口吐狂言哪……”

秦王听了半晌不语。他在帐内踱了一会儿，最后喊一声：“备车。”更衣之后左右一阵惊讶：秦王换上了一件普普通通的粗布衣衫。

秦王乘快马直接来到船场。那两个下棋的人还在。秦王摆摆手，他身边的人就把老七赶到一边去了。

秦王坐在船底，对那个戴四方黑帽的老者说：

“我们俩下盘棋怎样？”

“吾之棋下遍天下。”

“那好。”

秦王两手并用，捏起几个草梗往上一扔。

“你用了古怪法儿下棋，也好。”

老者也两手一起抓着棋子往前掷，一边说：

“秦王这人不知天高地厚，白长了七尺之躯，不过是个婴孩耳。”

“你见过秦王吗？”

老人摇头：“没，我只看他做的事情，就明白是个婴孩而已。”

秦王手里的草梗给捏碎了，又从一边重新找一根添上。

“他至今还没长大。你该知道，小孩子自有自己做事情的方法。比如高兴起来，就让很多人为他造船。他们喜欢玩一些从前没有玩过的东西。他觉得把这么多船弄到海上，漂漂悠悠，好玩。他不知道砍断了手足的滋味儿，因为他没有被人砍过，不知道一刀砍上去有多么疼。他由于无知才残暴。当他自己被砍中的那一天，他也就开始长大了。”

秦王轻轻咳两声：

“我来问你，如果一个人胸怀霸业，眼望天下，不也是个盖世的英雄吗？”

“他如果是个盖世的英雄，就能把繁荣撒满疆土。他没有这个力气，所占之地一片荒凉，民不聊生；可他还一再扩充疆界，这又像一个婴儿那样贪大了。这没有什么好结果，因为他的才力品行都不足以承担如此广大的天下。”

秦王用手猛地把棋盘扫乱。

老者眼中闪过一丝微笑，只轻轻用手点戳几下，棋局依旧恢复原序。他接着把一个草梗往前推动一下，督促对方：

“且下也。”

秦王站起又坐下，四处看了看，似乎在乞求什么人帮忙。可是武士们依照他原来的吩咐，都立在几尺之外——只要摆一下手，他们就会冲过来，把对面这个人杀掉。他忍了忍，低下头去看棋盘。那些草梗怎么也捏不住。因为这些草梗越来越小，他的指头又粗又大，还有些抖。

老者笑着替他拾起草梗，说：

"就像下棋，如果连一个草梗都捏不起，还能指望赢这一盘吗？人都会老，比如秦王，他要发兵征讨，建立不朽的功业；想到海上寻不老之仙药——这些东西世上原本就没有。他这些船没有一条能够回来；最后他将西行沙丘，倒地不起……"

秦王牙齿都咬出声音来。他再也坐不住，吆喝一声站起来。这时武士们一下围拢。秦王做个手势，一帮人扭住了老者。

老者正一正四方小帽，向秦王做一个鬼脸。秦王厌恶地吐一口：把这个蛊惑人心的东西就地杀掉，让他祭祭楼船。

话音刚落，武士们就把老者拧住了，轻轻一按，老人缩成了一个球。当把他拖到大船上时，四周的工匠都站在了船体上围观。

老者眯上了眼睛，接着唱起了一首歌；那首歌懒洋洋的，就像吃饱喝足的一只海鸥在太阳底下鸣叫。不过那词儿却是清晰可辨的。那歌唱道：

有一个不知趣之婴孩兮，

做一荒唐之游戏。

游戏还未做完兮，

自己倒在沙滩上。

后人怀念游戏兮，

千里来寻个荒凉。

君不见风沙四起兮，

再不识婴孩模样……

歌还未息，刀剑落下。鲜血溅出，染上了楼船。阳光下楼船红得耀眼。

秦王站在近旁一条船的舵楼上，脸色铁青向这边望着。那喷溅而出的鲜血在船板上淋漓，很大一片都染成了红色时，突然冒出了刺鼻的气味。一会儿染血之处都蹿出了嫣红的火苗。这火苗像绸缎在风中吹动，微微起伏。

大家惊呼起来，火焰在喊声中陡然增大，一瞬间巨大的楼船轰一声塌了……

秦王命令，把那个与妖怪老人一块儿下棋的老七就地焚了。一堆干柴架起来，老七被拖到上边。就要点火时，有个老臣附在秦王耳边奏道：

“三百艘楼船最后完工之前，这人是万万杀不得的。”

秦王这才记起老七是个工匠头儿。于是他改令将其左足砍去，然后砸上铁铐钉在大船上……

春天来了，坚冰全部化掉。血迹斑斑的一艘艘大船推入河湾；随着一声声号子，大船驶进了入海口。所有钉在船上的匠人都给押到一条战舰上。他们知道：丧身鱼腹的时刻到了。

秦王站在一片遮天蔽日的旌旗下，目送船队远去。当这些船被一片海雾吞没时，他突然又想起了那个歌唱的老人，想起了前不久被他削去左足的超级工匠。他想让那个工匠活下来，可惜已经晚了。大海上一片迷茫，海天相接，什么也望不见了……

射鱼

初秋的大海，恶浪翻卷，寒风阵阵。鸥鸟在灰暗的海空发出阵阵哀鸣。这些鸥鸟在海岸的巨石旁徘徊，偶尔停靠在风蚀崖上，只一瞬又赶紧离开。它们惶惶不可终日。

在离石崖不远的一块黑青色的大石头上，站着几个打扮怪异的人。为首的一个身高一米八六，脸色铁青，双眼宛如牛眸，微微突起；他的鼻子从额上笔直垂下，鼻子两侧常有一道浓重的阴影。这就是从咸阳启程，一直巡行到东方的秦始皇。他站立之地是“成山头”，也叫“天尽头”。

他的黑色披风被海风一次次撩动起来。但他一动不动，坚如磐石。他的目光一直望着天色迷茫的远处，偶尔眯一下。身边一个骨瘦如柴的老臣手捧一个铜钵。那里面装了一点神丸。

老臣瞅瞅天色，战战兢兢，“陛下……”

秦始皇就像没有听见。他伸出手，朝着迷茫的远处轻轻击点三下，然后转身。

老臣以为秦始皇要回去，立刻声色俱厉地朝一边喊了一声。

一顶大轿子被抬上来。由于脚下的石头磕磕绊绊，抬轿的人不能把轿子端平，它发出了吱吱扭扭的声音。骨瘦如柴的老臣咳一声，轿子停在大石一侧。秦始皇瞥了瞥轿子，背向一边。他看看身边的宫女。宫女长得细小极了，肌肤雪白，好像涂了什么膏脂。他垂下眼睫。

老臣把铜钵递给身边的一个人。他明白秦始皇要找个地方方便一下。皇上老了，解手的次数越来越多。加上东海风气太冷，正好让他不能持久。

宫女小步上前，扶住始皇。始皇与宫女在一处，看去就像一块巨岩上依了一只小麻雀。他们转到石头另一侧。

这边的人屏息静气期待着。几个轿夫跪在湿漉漉的石头上。天太冷了，他们全身都抖动起来。

一会儿秦始皇解了手，从石头后面走出。他有些厌烦地甩甩袖子。一边的人都知道今天陛下情绪不佳。

秦始皇坐到轿子里。他们要回住处去了。路上秦始皇一句话不说，使劲绷着下唇。走到半路，他唤那个老臣。老臣赶紧跑上前去，不用吩咐，就双手捧上了铜钵。秦始皇伸出两个指头，捏出了其中一个棕色药丸，抿进嘴里。

这神丸都是一个人捏制的，其他人他还信不过呢。

初入齐地，一群方士头戴可笑的小帽，捧着制成的仙丹献给皇帝。秦始皇让两个宫女试服，其中一个刚刚吞下就满地乱滚。可惜已经搞不清是哪一个方士的仙丹。老臣命令：这群方士一个不剩全部杀掉。秦始皇没有作声。当武士把哭成一团的方士牵到一片河滩上，正准备动手时，始皇帝传下令去：一个不杀，全部放掉。

所有随员都惊讶得吐不出一口气。

秦始皇渴望得到一些真正的仙丸。如果把这些方士杀掉，那就没有一个人再敢来献药。他不仅把他们放掉，而且每人发放一块黄金、一卷绵帛。

也就是那次之后，来了一个叫徐福的人。他带来了邹衍传下的仙丸。这个邹衍名声极大，秦始皇早在灭齐以前就知道这个宝贝。他本来一进齐国就想召见他，只是后来有人建议：还是免了吧，说这个人学问听得，药丸吃得，就是样子见不得——见了恶心。那是极不利于陛下健康的。秦始皇采纳了他的意见，作罢。

干瘦的老臣曾经试服过邹衍的药丸，一吞进喉咙，就觉得腥气大作。而且颗粒粗糙。他真怀疑在海边上往返来去的邹衍，这丸子是用鱼骨头搓成的。但他没有说……

从海边回到住处，秦始皇做了一个梦。

他梦见一只老虎驱赶一群怪兽，在一片荒原上到处奔跑。那只老虎外表看去很有威严，额上的“王”字清晰可辨。可是仔细端量起来，皮毛老旧，没有光泽。这是一只很老的虎。

不出所料，百兽在它的驱赶下，渐渐放慢脚步；有的甚至回头做个鬼脸。老虎气喘吁吁，最后卧在一片荒草上歇息起来。

他从梦中醒来久久不悦。他穿了一件薄衣，刚出屋子，老臣就手捧一件披风迎上。老臣身边是三五个浓妆艳抹的宫女。老臣跪在地下：“陛下，这里比不得咸阳。东夷之地邪气太盛，陛下已经老了，还是多穿些衣服。”

老臣的话还没有说完，秦始皇嘴里发出“昂”的一声。这一声又闷又响。老臣一个后仰，差点跌倒。宫女赶忙去扶老臣。秦始皇极为恼怒，瞥了宫女一眼。

他转身往前踱去。老臣不敢起身，一直跪在那儿。老臣自从秦王即位以来，就服侍在鞍前马后。他甚至比秦王的年龄还要大。

秦始皇也许想到了什么，这时转过身，“嗯”了一声。老臣赶紧站起。

当他向前小步疾趋时，秦始皇若有所思，“你刚才是说我老了吧？朕这就与你兄弟比剑，你看如何？”

老臣全身强烈一抖。

他的兄弟年方四十，身强力壮，从西安一路随从，是宫廷里最得力的一个卫士。老臣连连磕头：“陛下！他怎么敢跟陛下比试剑术呢！”

秦始皇大笑，吩咐旁边的宫女前去通报：早饭之后，朕就在帐前空地上与一壮汉比剑，届时所有人都要前来观看。

香火缭绕，乐声齐鸣。秦始皇脱了长衣，手持宝剑，在文武百官的注视下走向空地。地上已铺好厚厚华毯。有人吆喝三声，一个英俊武官手持金色宝剑，迈上华毯。从这一刻开始，壮汉的脸色变得蜡黄，双脚不停颤抖。他的兄长，就是那个老臣，手捧铜钵立在一侧，目光呆滞，面无表情。

秦始皇拔剑出鞘，直指武士。强壮的武士不得不把剑擎起，像畏寒一样，拐肘抖个不停。秦始皇走近，厉声喝了一句。武士抖得更甚。两支剑交成一个十字。秦始皇声如霹雳。武士汗流如注。

武士嘴里吐出两个字：“陛下……”

“我的悍臣，我的虎豹，举起你的剑来！”始皇吆喝一声，叭叭将剑砍击在对方刃上，火星迸溅。

武士似乎精神了一些，他渐渐敢于把始皇的剑拨来拨去。

秦始皇有几分欣容，瘦瘦的腕子向上扬起，费力地把武士的剑挑开。但也仅仅是一瞬间，武士的拐肘又抖起来。始皇又喝了一声，武士全身都瘫软了，抖动着，像端一碗水，小心翼翼把剑举平，迎着大王那个耀眼的宝剑。

这时嬴政厌烦地猛力一劈，把武士宝剑扫落，接着又向前一步，刺穿了武士的心窝。

武士未及呼喊，就倒在了华毯上。鲜血像喷泉一样涌出。

文武百官一声不吭。老者的铜钵掉在地上。他用袍袖遮住捡起，像原来一样伫立一侧。

秦始皇手提沾血的宝剑，“我还没有老吧！”边说边大步回帐。老臣尾随。

第二天秦始皇命随从跟他寻一个猎场。

在几个齐人的引导下，他们来到一片开阔的草地。不远处还是大海，秦始皇一看到大海就有些异样的感觉。秦国的版图就被这茫茫无边的海水做了标界。这也许就是土地的边沿，不过徐福告诉他：大海深处还有三座仙山，叫蓬莱、方仗、瀛洲。三座仙山上长了长生不老之药……十天前，他命徐福率一干人马前去寻找仙山，讨回仙药。连日期待使他何等寂寞。

荒原无边，荒草萋萋；丛林密布，虎啸狮鸣。他喊一声：“好一个猎场！”翻身跨上棕色大马。

一溜人跟在嬴政王后边。马蹄哒哒，扬起如云的烟尘。草中野兔惊慌四蹿。老臣把铜钵装在一个丝织的兜中，拴上马背。他不敢离开嬴政半步。

一只老虎哀号一声，从一蓬灌木中蹿出。它似乎无意与这班人马遭遇，但这时候已经来不及躲避。

嬴政王抖起弓箭，猛力射出。令人惊叹的是，弓箭正中虎嘴，老虎倒地而死，口中渗血如丝。所有人都喝起彩来。宫女们激动得流出了泪水。

老臣连连赞扬陛下箭法，说所有人中，陛下是最勇武最强壮最无敌的人。

嬴政王冷笑一声，“这还用说嘛！”

他命手下人把老虎抬上。他仔细看了虎毛，发现如梦中的老虎一模一样。毛色果然有些陈旧，他心中越发高兴。他杀死了一只衰老的虎，也就等于杀死了衰老。他忍不住哈哈大笑，但没有笑完就猛烈咳嗽起来。

老臣赶忙用拳头轻轻击打他的后背。宫女们递上来一块丝织手帕。咳声止息，他们才策马回帐。

这天徐福求见。

嬴政王大喜过望。徐福慌乱地跪在面前，诉说道：他被仙山的天神给挡了回来。一方面嫌他礼物微薄，二方面嫌他人马太少。而且，若要接近仙山，已是绝不可能：有无数黑鳞赤目大鲛鱼兴风作浪，小船靠前即被掀翻，必得将大鲛射杀……

秦始皇马上传令：立即打造战船，配置弓箭手，尔后徐福重返仙山。说完命其退下。

徐福瘦瘦的身影刚刚消失，秦始皇就仰在坐垫上睡了。

老臣赶紧把披风盖上。只是一会儿，大王又做了一个梦：一些黑鳞赤目大鲛鱼，无比疯狂，在海里翻腾。他吓了一身冷汗，转醒过来。

这时有人慌慌跑来，伏在老臣的耳边咕哝了几句。老臣脸色吓白了。嬴政王看在眼里，“唔”了一声。老臣话语迟滞。

“不准隐瞒！”

老臣吞吞吐吐。

秦始皇咳了一声。

老臣赶紧跪下："陛下，琅琊那儿……"

"那里又怎么？"秦始皇想起不久前刚刚在那儿刻过"颂德碑文"，又迁来三万民众以示升平，如今又是如何？他急于知道。

老臣慌乱中把地方记错，这时赶紧改口："不不，是在沂山和泰山这围遭儿，从天上掉下了，掉下了，一块呀巨石！上面刻了一行大字、一片小字……"

"大字是什么？"

"是……是'皇帝死而地分'……"

秦始皇脸色铁青，一双手把坐垫上的绵帛都抓破了。

"小字又是什么？"

老臣记不下那么多字，就让一边的宫女捧上抄件，颤颤抖抖念道：

"'秦始皇这个人不怎么样哩。他贪婪土地，灭了中国，又灭齐国。四海通达，大道合一，实在贪婪哩。一个君王如果知趣，有多大本事就管起多大土地。你本无能治理这么大一片哩。所以说，秦始皇这个人不怎么样，起码是个不知趣的人哩。'就这，完了……"

秦始皇像被什么戳了一下，疼得脸色由青转黄。

他从坐垫上走下，腰一下弓了许多。步出帐子，看着浮云朵朵的天空，看着斜挂的太阳，连声长叹。有人跟来，他摆手将其斥退。他只想一个人走一会儿。嬴政王认为这根本不是什么“上天降落石块”，而是歹人伪造。他们竟然如此藐视大王。

他大喊了一声，立刻有人围来。

“即刻起程，朕要亲眼看一看那块古怪的妖石。”

一般人马迅速汇拢，只一会儿，烟尘就覆盖了天空。

大队人马向前急驰……

秦始皇仔细考察了那块石头，又让工匠劈下一块看看石质。他认定这是一块普普通通的石头。

他让人把那石块砸成齑粉，然后又将方圆十里的民众，全部聚集到齑粉周围，质问是谁刻下这些妖言？

没人招认。

他让手下人把这些百姓全部杀掉。

一时哀号动天，血流遍野。一切做完之后，始皇帝又带着所有人马直奔海边。

他领人穿过无边的草原，然后到达了大海。

他命令手下人备好弓箭，他要亲自射杀大鲛。一百二十个弓箭手，手持弓箭，由始皇帝亲自率领，沿海边策马巡行。

队伍直走了二十里，终于见到一条巨大的黑鳞赤目大鲛鱼。

所有弓箭手引而不发。

秦始皇奋力挽弓，射出了第一箭。此箭正中大鱼腹部。一股股红的血水随波翻涌。大鱼还在挣扎，一百二十个弓箭手一齐射出了箭镞。赤目大鲛死在了海里。

秦始皇把巨大的弓箭抛向大海，仰首大笑。

他的声音很快被海浪吞没了。

1990年3月于龙口

附 录

天尽头的风

张炜

“天尽头”是山东半岛最东部的一个小小海岬，准确点说它处于一片大陆经度的最东端，所以才有了这样的“命名”。这个名字已经有了几千年的历史，至少在遥远的秦始皇时代，就已经这样称呼了。

历史记载中，这个“千古一帝”曾三次东巡，其中至少有一次抵达了这个“天之尽头”。作为大陆的边缘地带，这里对他而言是多么遥远、多么神秘。他是西部人，看惯了高原景色，而今却要吹拂海风，面对一片渺渺大洋，当时何等心绪，也只任我们去想象了。当天下一统，特别是美丽富饶的东部齐国并于秦国版图之后，整个国土就变得多彩多姿和辐员辽阔了。沿海地区是截然不同的风韵习俗，山水大绿，物质极大地丰富。秦王的有生之年，其脚步不可能踏上他统治的每一寸土地，但对最东端的这片陆地，对王土的边缘，这次却要亲手抚摸一下。

当年他站在这里，脚踏海岬放眼远望，只见大浪滔滔，海天混淆，茫茫无际，一定会思绪万千。后人只凭他东巡的足迹去揣测和推定，认为他当时最关心的事业，就是寻找长生不老药、寻找海中仙人。这就有了徐福率庞大船队入海求仙的千古之谜。

今天的“天尽头”已成为著名的旅游胜地，它以独有的地理位置、神奇的传说和罕有的帝王行迹，吸引着无数海内外的游人。一个人不到“天尽头”，就不知道天之广阔、地之遥远、海之浩渺。有一句诗谓“不到长城非好汉”，那么不到“天尽头”又将如何？

初春时节的一个上午，我们几个人兴冲冲地赶往这个神奇之地，遥望缅怀，踏上古代帝王印过足迹的海岬。到了这里已是上午十点左右，天下起了蒙蒙细雨。风从黄海深处吹来，寒意渐浓。为了抵御春寒，我们启程时特意穿了很厚的衣服，可来到这儿才发觉天这样冷，最后简直凉气彻骨。风一阵比一阵猛烈，细雨更加剧了寒冷。

长时间定定地望着这个声名远扬的海岬：探入海里，一小块突出的岩石，靠海一端矗着一座石碑，上面刻上的“天尽头”三个大字赫然醒目。任何人到此都要止步，因为它的前方及左右都是滔滔海浪，真的再无进路。回头看，不到百米之处耸着另一块碑石，上面写了“好运角”三个字。

身后这块石碑当然是新立的，那三个字其实只为了对冲一个不祥的暗示：一个人既然来到了“天尽头”，也就意味着走到了绝路，所以很不吉利。这种预示会让人刻意躲避，对于旅游业的发展来说显然是一个忌惮。于是后来就有了这块新碑，有了再次命名。不过无论如何，一个沿用了几千年的名字最终是改不掉的，也没人敢彻底抹去。

就在那句吉祥话的旁边，有一处群雕，自然是为了纪念秦王东巡的壮举：肃穆的始皇帝，冠盖、随从、武士，一色青铜。这位古老的帝王，青铜的帝王，此刻在寒雨劲风中显得格外威严。我注视群雕，想象很久很久以前的奔波与艰辛。后人猜测他遥遥东巡之路绝不仅仅为了探寻长生不老的仙药，也不仅是对富裕齐地的好奇，而是另有大谋，即强固难以驯化的东夷族，夯实边地统治之基。是的，比起寻仙之事，这算是最为现实的政治需要。

传说中的“三仙山”位于东部深海的一片混沌迷茫之中，缥缈之处居住仙人。那里一直是秦始皇的梦牵魂绕之地，有着持久的吸引力。或者就在这次东行之后，或者从更早的时候起，那个叫徐福的奇异人物就进入了他的视野，最终率一个庞大的船队出海了。他是受秦王派遣的。

从此即有了古代航海家徐福的故事了。记载中秦始皇不止一次会见了徐福，在东巡之路的某一时段，约对方于黄县莱山月主祠，有过一场密谈。这次约见的结果就是让徐福率“五谷百工”和“三千童男童女”，组建起一支浩大的船队。当年秦王站在“天尽头”，心中一定升腾起无尽的希望。也正是那次派遣，使中华民族的历史上发生了一个惊天动地的大事件，一个神话般的传奇，出现了一位比哥伦布还要早一千八百多年的探险者，一个寻找新大陆的冒险家。徐福的船队穿越对马海峡途经济州岛、入韩国，最终抵达了日本列岛，在历史学家那里已是不争的事实。

古老帝王第三次东巡匆匆来去，是一个很快消逝的孤独身影。那一次他由这片海岬西行，行至山东西部一处叫“沙丘”的地方即染病不起，结束了短促而宏大的一生。也许是巧合，他从“天尽头”径直走到了生命的尽头，从此这条路、这个地方，也就变得多少有些骇人了。

关于这里的不祥传说很多，当代人的某些经历和际遇，被演绎得有声有色，以至于影响到此地的游客数量。我们作为游人，心中真的不能不生出一些多少有点滑稽的想象，对踏上这个海岬生出一点悸惧。人们一边惊喜地观望古迹，一边在心里祝祷，希望留给自己的是回头看到的那三个字的内容，交上“好运”。

风势还在加大，雨丝密织。离开这座青铜群雕只有几十步远，看去已经模糊不清了。昨天离我们太过遥远，隔开了几千年，可是一切又恍若眼前：漫长的历史仿佛只有一瞬，我们现在和古人，而且是一个统一中国的帝王的脚印重叠了。

一瞬映照永恒，以至于成为历史与生命的巨大参照。一些关于形而上的终极思绪在这里徘徊缠绕，袅袅升起。对此我们常常视而不见，可它现在实实在在地化为具体，化为当下。

2017年10月　补记

徐福与海上丝绸之路考辨

张炜　祁山　赵月斌

秦代方士徐福（徐市）东渡，是中国历史上第一次大规模的海外文化交流。徐福率领着包括各种工匠在内的大批人员，给仍处于原始生活状态的朝鲜半岛南部和日本列岛带去了造船航海、铜铁冶炼、丝绸织染等先进技术，以及先进的耕作方式与文明的生活习俗等。徐福东渡不仅使朝鲜半岛南部和日本社会生产力的发展产生了质的飞跃，推动了当地各方面的文化进步，也拓展和繁荣了中韩日海上丝绸之路。

开展徐福东渡与海上丝绸之路的研究，不仅可以还原《史记》记载的徐福两次大规模东渡的历史真相，也会进一步确立徐福东渡在“海上丝绸之路”中的地位和影响，促进中日韩文化交流，增进中日韩民间的传统友谊。

一、徐福东渡航线考辨

徐福东渡起航的地点及开始的一段航程，《史记》记载甚详，但后一段航程和目的地，因《史记》未予交代，给后世史学留下一宗悬案。

1.《史记》关于徐福东渡的记载

有关“徐福东渡”的原始史料，主要来自《史记》。据《秦始皇本纪》记载：

> 二十八年，始皇东行郡县，……南登琅邪，大乐之，留三月。……齐人徐市等上书，言海中有三神山，名曰蓬莱、方丈、瀛州，仙人居之。请得斋戒，与童男女求之。于是遣徐市发童男童女数千人，入海求仙人。[①]

秦始皇二十八年，即公元前219年，秦始皇东巡山东半岛，从峄山来到“琅邪”，即今青岛市所辖黄岛区琅琊镇沿海一带。秦始皇在此羁留三月，筑琅琊台，并命李斯刻石铭文。齐地方士徐福上书秦始皇，称海中有三座神山，山上住着仙人，特请命到海里寻仙。秦始皇遂令徐福带领“童男童女数千人”，“入海求仙人”。徐福究竟是确信海上有仙山、

① 司马迁：《史记》，中华书局1959年版，第242—247页。

仙人，还是以此欺骗秦始皇，《史记》没有明示，但徐福作为一名方士，又是生活在山东半岛的齐人，应该非常熟悉当地沿海一带关于仙山、仙人的传说，所以能够利用自己掌握的方术道行说服秦始皇，令其信以为真。

据《秦始皇本纪》记载，可以肯定徐福首次东渡的起航地为青岛琅琊。但这次起航后究竟驶向何方，却未明其详。不过再次叙及徐福第二次东渡时，则交代了自琅琊起航后的走向：

> 三十七年十月癸丑，始皇出游。……并海上，北至琅邪。方士徐市等入海求神药，数岁不得，费多，恐谴，乃诈曰："蓬莱药可得，然常为大鲛鱼所苦，故不得至，愿请善射与俱，见则以连弩射之。"始皇梦与海神战，如人状。问占梦博士曰："水神不可见，以大鱼蛟龙为候。今上祷祠备谨，而有此恶神，当除去，而善神可致。"乃令入海者赍捕巨鱼具，而自以连弩候大鱼出射之。自琅邪北至荣成山，弗见。至之罘，见巨鱼，射杀一鱼。遂并海西。[①]

---

① 司马迁：《史记》，中华书局1959年版，第260—263页。

徐福首次“入海求仙人”九年之后，即秦始皇三十七年，公元前210年，秦始皇再次东巡来到琅琊。徐福到海中寻找仙山、仙人和仙药，多年无果，且耗费大量钱财。因害怕秦始皇追责，徐福便谎称海里有蓬莱仙药，但有大鲛鱼阻挡，无法到达海中仙山。恰巧秦始皇梦与海神交战，占梦博士也建议除掉化作大鱼的恶神。于是，秦始皇就命人携带捕捉大鱼的器具，亲自率领弓弩手去射杀大鱼。一行人从琅琊出发，向北到达荣成山，今威海市所辖荣成成山头沿海一带，未见大鱼踪影。又从荣成山西行至“之罘”，今烟台市芝罘区芝罘岛沿海一带，则真的遇到“巨鱼”，并射死了一条。接着秦始皇和徐福一行又沿海岸西行。

关于徐福第二次东渡“入海求仙人”，《史记·淮南衡山列传》另有记载：

> 又使徐福入海求神异物，还为伪辞曰：“臣见海中大神，言曰：‘汝西皇之使邪？’臣答曰：‘然。’‘汝何求？’曰：‘愿请延年益寿药。’神曰：‘汝秦王之礼薄，得观而不得取。’即从臣东南至蓬莱山，见芝成宫阙，有使者铜色而龙形，光上照天。于是臣再拜问曰：‘宜何资以献？’海神曰：‘以

令名男子若振女与百工之事，即得之矣。’”秦皇帝大说（悦），遣振男女三千人，资之五谷种种百工而行。徐福得平原广泽，止王不来。[①]

这里徐福用来搪塞秦始皇的“伪辞”，与《秦始皇本纪》有所不同，也没有交代其东渡路线，却透露了第二次东渡的两个重要信息。一，徐福带走了三千童男童女和各类工匠，还有五谷杂粮的种子；二，徐福在海外找到一片“平原广泽”，在那里称王，再也没有回来。虽然没有说明徐福找到的“平原广泽”在什么地方，但是可以确定的是，徐福一行到了海外，并在那里建立了自己的国家。

太史公司马迁作为严谨的史学家，既然他多次提到徐福“入海求仙人”，应该不是空穴来风，因此我们应当重视《史记》里的相关记载，进行深入的考证研究。

关于徐福两次东渡共带走多少人，学界没有定论。从《史记》可知，第一次带走“童男童女数千人”，第二次带走“男女三千人”和“种种百工”。有学者据此认为：“《史记》中记载徐福的两次出海，每次出海的人数应有上万人。

① 司马迁：《史记》，中华书局1959年版，第3086页。

古代出海，船的动力靠人工摇橹，远航需要的水手还会更多，从日本遣唐使船我们可以了解到，水手和勤杂人员能占到总人数的一半多，……除水手和勤杂人员外，管理和看护数千童男童女的官员和随从人员也不会是小数目。徐福东渡远航，沿途要停靠许多地方，保卫数千人安全所需的士兵数量也不会太少。”①

徐福东渡，“每次出海的人数应有上万人”的分析是有一定道理的。徐福一行远航朝鲜半岛南部和日本，在海上航行的时间较长，随船带的粮食等补给也要充分。补给越多需要的船只就越多，所需水手和勤杂人员也要随之增加。徐福第二次东渡，明确记载了童男童女“三千人”，还有各种工匠。虽说“种种百工”，不一定是百种工匠，但工匠的规模不会微不足道。下面我们会提到，徐福东渡将铁器制造、高档丝绸织造、印染等先进技术带到了朝鲜半岛南部和日本，在那个年代，仅一件铁器的完成，从采矿、冶炼，到成品的制造，都需要多道工序、很多人手来实现。徐福集团在朝鲜半

① 刘凤鸣：《山东半岛与古代中韩关系》，中华书局2010年版，第73页。

岛东南部建成了铁器制造基地，出产的铁器销往周边地区，包括越海销往日本，这都不是少量人员能够完成的。

2. 之罘以西航线的考辨

徐福东渡，从今青岛琅琊沿海一带出发，沿海岸线北上，到了今山东半岛最东端的荣成市成山头沿海一带，再绕过成山头西行至今烟台市芝罘岛沿海一带，这一段航线，《史记》交代得很清楚。但其后“遂并海西”，沿海岸线继续向西到哪里了，则没有交代。

徐福的船队，肯定是要离开海岸线进入大洋的，这是因为他要向秦始皇履行诺言，就必须驶向经常出现仙山的大海。

芝罘岛以西的大海之中，哪里经常出现仙山呢？

《秦始皇本纪》记载的“名曰蓬莱、方丈、瀛州”的“三神山”，在《史记·封禅书》中另有这样的描述：

> 自威、宣、燕昭使人入海求蓬莱、方丈、瀛州。此三神山者。其传在勃海中，去人不远，患且至，则船风引而去。盖尝有至者，诸仙人及不死之药皆在焉。其物禽兽尽白，而黄金银为宫阙。未至，望之如云；及到，三神山反居水下。临之，风

辄引去，终莫能至云。[①]

这说明，在齐威王、齐宣王、燕昭王时期，就有“蓬莱、方丈、瀛州”“三神山”之说，他们还曾派人到勃（渤）海去寻找过三座神山。但海中的“三神仙”看似不远，然而当船只快要靠近时，神山却被大风吹到远处。远远望去，“三神山”就像在一片云雾之中，可是一到跟前，就马上消失了。这一景象，显然就是我们今天所说的海市蜃景。而芝罘岛以西的渤海中出现海市最多的地方，就是现今烟台市所辖蓬莱市以北，庙岛群岛周边海面。这也是当年汉武帝派人寻找仙山的海域，蓬莱县（今蓬莱市）、蓬莱阁等名字由来，就是因当年汉孝武帝东巡此地，“至海上望，冀遇蓬莱焉”，[②]在此瞭望“蓬莱”仙山而得名。

既然徐福奉命到海中去“求神异物”，他率领的船队就必然朝着“三神山”的隐现之地，即海市多发的海域驶去。更何况徐福第二次东渡，还有秦始皇率领的弓弩手和大批船队至少也一并来到今蓬莱市沿海一带，徐福要自圆其说，不

① 司马迁：《史记》，中华书局1959年版，第1369—1370页。

② 司马迁：《史记》，中华书局1959年版，第476页。

在秦始皇面前露出破绽，只能假戏真做，向子虚乌有的海中仙山进发。秦始皇应是在蓬莱一带海域与徐福告别，并且目送其船队向庙岛群岛海域驶去。

那么，徐福的船队进入茫茫大海之后，会再驶向何方呢？

显然，徐福第二次东渡时，已经意识到不可能找到仙山、仙药了。第一次“入海求仙人”，有可能真的相信海里有仙山、仙药，但寻找了多年，并未如愿以偿。第二次见秦始皇时，只好用谎言瞒天过海，所以再一次“入海求仙人”，显然明知没办法回来交差，所以只能逃到一个天高皇帝远的地方，摆脱秦皇的统治。可见，徐福第二次东渡既是为了逃避罪责，也是为了去海外拓殖，否则，就很难理解他为什么要带领那么多的童男童女、各类工匠和五谷种子等，甚至连善射的兵员都准备得非常充分，这一切，正是开拓新的疆土所必需的。

徐福的船队进入庙岛群岛海域后，最近的登陆地是辽东半岛，但徐福一行不可能在辽东半岛登陆，因当时这里已在秦的统治之下。秦朝辽东郡的辖区，东至今朝鲜半岛以西朝鲜湾沿海一带。也就是说，徐福的船队至辽东半岛近海后，只能“循海岸水行”[①]，行驶至朝鲜半岛北部沿海一带也不敢停下来，只有继续沿海岸线南下。

下面我们会提到，徐福的船队到达朝鲜半岛南部，包括济州岛，后来有部分人员又从朝鲜半岛南部辗转到达日本九州岛，再进入日本本州岛等。这样一条航线，就是《三国志·魏书·乌丸鲜卑东夷传》记载的“循海岸水行”航线：沿朝鲜半岛北部西海岸南下，“历韩国”，即现在的韩国西部地区。再“乍南乍东”到达朝鲜半岛南部，沿海岸线向东，“始渡一海”，过“对马国”，即今日本对马岛。再过“一大国”，即今日本的壹岐岛。“又渡一海”，登陆“末卢国”，今日本九州岛佐贺一带。从末卢国到“伊都国”，今日本九州岛福冈一带。再经过几个小国后，进入日本本州岛，到达倭国“女王之所都”。《三国志·魏书·乌丸鲜卑东夷传》还记载说“汉时有朝见者，今使译所通三十国。”[②]说明自汉代以来，这样一条“循海岸水行”的航线，就是当时中韩日官方往来的主要通道。

---

① 陈寿：《三国志》，中华书局1982年版，第854页。

② 陈寿：《三国志》，中华书局1982年版，第854页。

虽然《三国志·魏书·乌丸鲜卑东夷传》只记载了从朝鲜半岛北部到日本这一段航程，没有提到从山东半岛到朝鲜半岛这一段的航路，但《新唐书·地理七下》非常具体地记载了这一段路线，即“登州海行入高丽渤海道”：“登州东北海行，过大谢岛、龟歆岛、末岛、乌湖岛三百里。北渡乌湖海，至马石山东之都里镇二百里。东傍海壖，过青泥浦、桃花浦、杏花浦、石人汪、橐驼湾、乌骨江八百里。乃南傍海壖，过乌牧岛、贝江口、椒岛，得新罗西北之长口镇。[①]“登州”，指当时的登州驻地，今烟台市所辖蓬莱市。“大谢岛、龟歆岛、末岛、乌湖岛”，分别是今长岛县所辖的长山岛、大钦岛、小钦岛、南隍城岛、北隍城岛，均属庙岛群岛中的岛屿。“乌湖海”，指今大连老铁山海峡。“都里镇”，在今大连旅顺一带。“青泥浦、桃花浦、杏花浦、石人汪、橐驼湾”，均系辽东沿海一代的港湾。“乌骨江”，指今鸭绿江入海口。“乌牧岛”，今朝鲜身弥岛。“贝江口”，今朝鲜大同江口。《旧唐书·地理一》记载的这一段航线，即从登州出发，沿庙岛群岛的岛屿北上至辽

① 欧阳修、宋祁：《新唐书》，中华书局1975年版，第1147页。

东半岛今大连附近的海岸，然后仍是“循海岸水行”至朝鲜半岛。这说明，即使到了唐代，中韩间海上往来仍然要经庙岛群岛，然后“循海岸水行”。

这条航线，是否是徐福船队开辟的，我们不得而知，但至少可以肯定，徐福船队走的也是这条航线。当时远海航行的导航只能靠日月星辰或目视，船的动力也只能靠海风吹送或人力摇橹，秦代的航海条件，只能是“循海岸水行”。沿海岸线航行不仅可以及时补充淡水和给养，而且一旦遇上风浪和恶劣天气还可以及时靠岸躲避，船只受损，也可以及时靠岸维修。不用说秦代，一直到了唐初，当时的造船技术和航海水平已经有了相当大的提高，中韩日之间的海上官方往来，仍然要经庙岛群岛。日本的遣隋使和唐初的遣唐使走的就是这条航道，后期的日本遣唐使开始横渡黄海直通扬州，是因为当时日本和朝鲜半岛的新罗关系紧张，不得不走南路直通扬州，但这是“一条最危险，遇难率极高的航路”，[①]所以，后期的遣唐使有时也走“循海岸水行”的古

①［日］藤家礼之著，张俊彦、卞立强译，《日中交流二千年》，北京大学出版社1982年版，第99页。

航道，如第十二次遣唐使即从“登州登陆”，第十八次遣唐使“曾在今乳山、文登、荣成海岸停泊数日”。[①]所以说，徐福东渡的航线只能是《三国志·魏书·乌丸鲜卑东夷传》记载的“循海岸水行”的航路。实际上这条海上航线，即使到了明代，造船技术和航海水平有了更大幅度的提高后，中朝（韩）官方海上往来走的也是经庙岛群岛，然后“循海岸水行”的航路，这在中韩史料中都有具体记载。因为这是一条最安全航道，更何况是秦代徐福东渡，以当时的航海条件，又带领着大批人员和辎重，包括“五谷种种百工”设施等，必须选择一条在当时认为最安全的航道，这就是《旧唐书·地理一》和《三国志·魏书·乌丸鲜卑东夷传》记载的中韩日海上航线。

所以，我们的结论是，徐福一行在芝罘岛射杀大鱼之后，“遂并海西”，到了今蓬莱市一带海面后，便向北行驶，沿庙岛群岛诸岛屿，到达辽东半岛今大连一带海域，然后，沿海岸线向东北驶向朝鲜半岛，到达鸭绿江口海域后，再沿

---

① 杨荫楼、王洪军：《齐鲁文化通史·隋唐五代卷》，中华书局2004年版，第526—527页。

海岸线南下至朝鲜半岛南部，又从朝鲜半岛东南部借助巨济岛、对马岛、壹岐岛等岛屿，渡过朝鲜海峡进入日本。

二、徐福东渡目的地考辨

徐福东渡的目的地是哪里？《史记》里没有记载，但从后来的史书，包括其他的一些相关记载和考古成果分析，徐福东渡的目的地首先是朝鲜半岛东南部，即今韩国东部一带，并有大批人员在此定居下来。然后，徐福集团的部分人，或是第二次东渡的部分人员，进入了日本的九州岛，并在那里定居下来。之后，又有部分人员进入了日本本州岛、四国岛。

1. 徐福东渡目的地的史料记载

记载徐福东渡目的地的最早史料是《后汉书·东夷列传》和《三国志·吴书·孙权传》，因《三国志》成书早于《后汉书》一百多年，两书的相关记载又基本相同，故这里仅引用《三国志·吴书·吴主传》的记载：

> （黄龙）二年（230年）春正月，……遣将军卫温、诸葛直将甲士万人，浮海求夷洲及亶洲。亶洲在海中，长老传言秦始皇帝遣方士徐福将童男童女数千人入海，求蓬莱神山及仙药，止此洲不还。

世相承有数万家。其上人民，时有至会稽货布，会稽东县人海行，亦有遭风流移至亶洲者。所在绝远，卒不可得至，但得夷洲数千人还。①

以上记载可说明：徐福一行到了“亶洲”；“亶洲”是一个较大的岛屿，上有“有数万家”居住；“亶洲”的人曾到东吴的“会稽货布”，稽东的人也有“遭风流移至亶洲者”。“会稽”，指会稽郡，郡治在今浙江绍兴城区；“亶洲”离东吴“所在绝远，卒不可得至”，东吴的航船和人员去不了亶洲。当时东吴辖今长江口及以南沿海地区，包括今福建、广东沿海一带。吴主孙权派万人出海都没找到，或到不了“亶洲”，但“亶洲”的人却到了东吴会稽郡，今杭州湾一带，这说明“亶洲”来东吴做生意的人走的是另外一条路线。“夷洲”，指的是今台湾岛，东吴的船队有“数千人”到了“夷洲”。比台湾岛更远且比较大的岛屿，有菲律宾的吕宋岛和日本的九州岛。菲律宾的吕宋岛，三国时期东吴的船队都无法到达，更何况四百多年以前从山东半岛起航的徐福船队。日本的九州岛，东吴的船队也不可得至，但徐福的船队从山东半岛起

---

① 陈寿：《三国志》，中华书局1982年版，第1136页。

航，“循海岸水行”则能到达。三国时期来东吴做生意的“亶洲”人走的也应是徐福一行“循海岸水行”的航线。所以说，“亶洲”，指的应是日本九州岛。唐代诗人皮日休在《重送》一诗中写道：“云涛万里最东头，射马台深玉署秋。无限属城为裸国，几多分界是亶州”。[①]这里的“射马台”“裸国”“亶州”，均指的是日本。“射马台”应为“邪马台”，“躶国”，应为“裸国”。《后汉书·东夷列传》记载：“其大倭王居邪马台国”，“裸国”是“倭种”之一。这说明唐代人也认为，“亶洲”就是日本。从日本到中国东南沿海一带，如果走徐福东渡的“循海岸水行”的航线，以当时的船只和航行条件足可通达，但如果从东南沿海横渡大海直达日本九州岛，其结果只能是“不可得至”。

五代后周时期，济州开元寺高僧义楚在《义楚六贴》（又名《释氏六贴》）中也明确提到徐福到达了日本：

> 日本国，亦名倭，东海中。秦时徐福将五百童男、五百童女止此国也。今人物一如长安。又显德五年在戊午，有日本瑜伽大教弘顺大师赐宽

①《全唐诗》卷六一四，中华书局1960年版，第7091页。

> 辅。……又东北千余里有山，名富士，亦名蓬莱。其山峻，三面是海，一朵上耸，顶有火烟。日中上有诸宝流下，夜即却上，常闻音乐。徐福止此，谓蓬莱。至今子孙皆曰秦氏。[①]

显然，高僧义楚关于徐福到了日本富士山一带，其“子孙皆曰秦氏”的记载，其信息是来自日本来华高僧弘顺大师。这说明，当时的日本，或者更早时期就有了徐福到达了日本的说法。

宋代文学家欧阳修在长诗《日本刀歌》还中提到，因徐福东渡，日本“百工五种与之居，至今器玩皆精巧。前朝贡献屡往来，士人往往工词藻。徐福行时书未焚，逸书百篇今尚存。令严不许传中国，举世无人识古文。”[②]说明徐福东渡日本带去了“百工五种”，使日本的“器玩皆精巧”，也使中日官方之间“屡往来”，日本“士人”还“工词藻”，善于做中国传统的诗文。欧阳修还第一次提到，因徐福东渡带走了

①《释氏六贴》卷二十一《国城州市部第四十三》，浙江古籍出版社1990年版，第433页。

②《欧阳文忠公全集》卷五十四，《文渊阁四库全书》本。

一些春秋战国时期的著作，这些著作因秦始皇焚书坑儒在国内已经失佚了，而在日本保存下来。

中国元朝时期，日本官方编纂的《神皇正统记》也记载："（秦）始皇好神仙，求长生不死之药于日本，日本欲求彼国之五帝三王遗书，始皇乃悉送之。其后三十五年，彼国因焚书坑儒，孔子之全经遂存于日本。"[①]《神皇正统记》不仅肯定了徐福东渡"求长生不死之药于日本"，而且提到，由于秦始皇焚书坑儒，"孔子之全经遂存于日本"，这也与欧阳修《日本刀歌》相符。明朝中期1471年，朝鲜王室编纂刊印的《海东诸国纪·日本国纪》也记载："孝灵天皇七十二年壬午（秦始皇二十九年），秦始皇遣徐福入海求仙。福遂至纪伊州居焉，在位七十六年，寿百十五。""崇神天皇，是时熊野权现神始现。徐福死而为神，国人至今祭之。"[②]主持编纂《海东诸国纪》的，系朝鲜领议政（首相）的申叔

① 中国国际徐福文化交流协会：《徐福志》第十二章《日本部分史志书籍有关徐福的记载》，中国海洋大学出版社2007年版，第201页。

② 申叔舟：《海东诸国记·日本国纪·天皇代序》，韩国古典原文，1471年版。

舟（1417—1475）。申叔舟曾于1443年奉朝鲜国王之命，以日本通信使书状官身份出使过日本，《海东诸国纪》中关于《日本国纪》的记载，显然来自日本的官方资料。徐福东渡到达日本的事件进入了日本和朝鲜李朝的正史，得到了当时两国官方的认可，应与日本当时广泛流传的徐福传说及许多与徐福有关的遗址和纪念设施有关。

徐福东渡到达朝鲜半岛南部和日本的情况，韩国史料也多有记载。

明朝万历年间朝鲜著名理学家李睟光（1563—1623）在他的《芝峰类说》中提道："世谓三山，乃在我国。以金刚为蓬莱，智异为方丈，汉拏为瀛洲。以杜（甫）诗'方丈三韩外'证之。余谓三神山之说，出于徐福。而徐福入日本，死而为神。则三山应在东海之东矣。老杜不曰方丈在三韩。而曰'方丈三韩外'。其言宜可信也。"[①] "金刚"，指金刚山，位于今朝鲜东南部，临近韩国。"智异"，指智异山，在今韩国南部。"汉拿"，指汉拿山，在今韩国济州岛。"老杜"，指中

① 李睟光：《芝峯类说》卷二《地理部·山》，韩国古典原文，1633年。

国唐代诗人杜甫。李晬光在这里提到，朝鲜李朝时期，或在这之前，朝鲜人认为"蓬莱、方丈、瀛州"三座神山就在朝鲜半岛，还用杜甫的诗句来论证这一观点。李晬光不同意这样的提法，他认为徐福东渡寻找的三神山在日本，杜甫的诗"方丈三韩外"，恰恰说明了三神山在"三韩"之外，即朝鲜半岛之外的日本。

李晬光在《芝峰类说》中还提道："《后汉书》曰：徐福入海，止夷、澶洲。韩文所谓海外夷、亶之州是也。按夷、亶二州名，今倭国南海道，有纪伊州、淡州。淡与亶音相近，疑即夷、澶洲也。"[①]李晬光用语音相近来说明《后汉书》记载的夷、亶之州指的是日本的"纪伊州、淡州"，再用日本"纪伊州，今有徐福祠"，"熊野山守神者，徐福之神也"及"日本京都，见有徐福祠"，来佐证自己的观点。这说明，徐福东渡到朝鲜半岛或日本，已为朝鲜许多名家及普通百姓所深信不疑。

朝鲜李朝时期著名哲学家、学术大师李瀷

① 李晬光：《芝峯类说》卷二《诸国部·外国·日本》，韩国古典原文，1633年。

（1681–1763）也曾说过："济州，古耽罗国，距陆九百七十余里，周围四百余里。山顶必凹陷，峯峯皆然。新晴登望申方，天际有山，浙商云：松江府之金山也。……徐福、韩终之入海，虽曰诬辞，其言曰：登之罘山望神山。之罘在东海边，始皇之登览者也。登此而望见者，疑若指此而。云尔松江金山在坤申方，则自彼而望此，必在东北矣。岛中亦有瀛洲之名，可异"。[①]韩终亦为秦代方士，秦始皇也曾派他到海上"求仙人不死之药"。李瀷认为，济州岛可能就是当年秦始皇登临之罘山远望的神山"瀛洲"，而济州岛也称过"瀛洲"。李瀷还提道："通典云：百济海中有三岛，出黄口树，六月取汁，口器物若黄金。此乃今之黄漆，而惟济州产此物，则三岛者即济州之称。又或岛中有三座山而云尔也。……既避秦入海，必不舍朝鲜而投倭也。其所谓三山仙药，特讋言瞒人也。"[②]李瀷肯定了徐福一行到过朝鲜半岛南部和济州岛一带，并在这里定居下来。当然他提到徐福一行

---

① 李瀷：《星湖先生僿说》卷之一《天地门·济州》，韩国古典原文，1760年。

② 李瀷：《星湖先生僿说》卷二十《经史门·徐市》，韩国古典原文，1760年。

“必不舍朝鲜而投倭也”，并不是否认徐福一行去过日本，而是强调他们先到达朝鲜半岛南部和济州岛一带。此外，李瀷还认为，当时朝鲜半岛南部的辰韩就是徐福一行建立的。

今韩国境内还曾发现过多处与徐福东渡有关的石刻，如济州岛西归浦市东烘洞正房瀑布的峭壁上就曾有过“徐市过之”石刻。“1910年，日本学者冢原熹先生在正房瀑布拍摄的‘徐市过之’照片与撰写的《济州岛秦徐福遗迹考》一起被收入《朝鲜志》，现存日本东京大学图书馆。20世纪50年代，遗址便湮没了。现只保存下来摩崖石刻的拓片”①。虽然这些石刻的年代还需要进一步考证，但至少说明徐福东渡应该到过朝鲜半岛南部，包括今韩国济州岛一带。历史上曾称“瀛洲”的济州岛，总面积1826平方公里，在古代容纳“数万家”居民生活是没有问题的。济州岛自古以来就广泛流传着许多徐福寻仙求药的传说。济州岛的汉拿山，也称瀛洲山，海拔1950米，为韩国最高峰，是传说的徐福寻找的三神山之一。济州岛的西归浦（今西归浦市），相传是徐福第

① 中国国际徐福文化交流协会：《徐福志》，第十五章《韩国遗址、遗存与纪念设施》，中国海洋大学出版社2007年版，第261页。

一次东渡到达济州岛寻找长生不老药，后从济州岛的正房瀑布海岸西行回国，这里因此而得名西归浦。这一传说应是由来已久，朝鲜李朝官员任征夏（1687–1730）在他的《济州杂诗二十首》中就写道："徐市求仙去，应从此岛回。老人南极在，童女玉凾来。碧海几回变，蟠桃犹未开。乙那亦尘土，遗庙至今哀。"[①]这说明在当时不仅有徐福从济州岛回国的传闻，而且济州岛很早就有供奉徐福的庙宇等。今西归浦市还建有徐福公园，徐福公园内竖立的泰山石上"徐福公园"四个字，还是当年时任中国国务院总理温家宝亲笔书写的。西归浦市每年还都在徐福公园举行徐福祭礼活动。

除济州岛外，今韩国的南海郡南海岛商洲里锦山海滨的大岩石半山腰，有大型刻石，内容为"徐市起拜日出"。"（上世纪）80年代中叶，在与此岩刻仅隔一山的一个石洞里，发现了一幅壁面，上画动物、船只及人物，洞外还

---

① 任征夏：《西斋集》卷之二《济州杂诗二十首・其八》，《韩国文集丛刊・续》第68辑，韩国民族文化推进会，2008年，第464页。

刻有脚印……传说与徐福到此有关”。[①]清末朝鲜李朝官员姜献奎也撰文提道：“以芒鞋竹杖，作南海之游。”“入闲山，……泛龟船凌阳侯，望徐市题石处。”[②]“闲山”，指闲山岛，在韩国巨济岛西，也是徐福一行东去日本的必经之地，今属韩国庆尚南道统营市。“阳侯”，传说中的水神、波涛之神，这里代指波涛。“泛龟船凌阳侯”即指乘船在海上畅游。这说明，韩国闲山岛一代，也遗有与徐福东渡相关的刻石。这些刻石和壁画，无论是徐福当年所留，还是后人所为，至少可以说明徐福一行，或他们的后人应是到过这里。

2. 明清时期赴日朝鲜官员的相关记载

明清时期，有不少朝鲜李朝的官员因各种原因到过日本，记载了日本有关徐福的一些纪念设施和传说。

明朝万历年间，朝鲜官员姜沆（1567–1618，字太初，号睡隐）在日军侵略朝鲜时被俘掠往日本。在日三年期间，他将日本的国情、国土特征及所见所闻记录了下来，结集

① 中国国际徐福文化交流协会：《徐福志》，第十五章《韩国遗址、遗存与纪念设施》，中国海洋大学出版社2007年版，第220页。

② 姜献奎：《农庐集》卷之九《鹿门居士传》，《韩国文集丛刊·续》第122辑，韩国民族文化推进会，2011年。

为《姜睡隐看羊录》。其中《倭国八道六十六州图》提道："秦始皇时，徐福载童男女入海，至倭纪伊州熊野山，止焉。熊野山尚有徐福祠。其子孙今为秦氏，世称徐福之后。今为倭皇则非也。洪武中，倭僧津绝海，入贡中原。太祖命赋诗，诗曰：'熊野山前徐福祠，满山药草雨余肥。至今海上波涛稳，直待好风须早归。'太祖赐和章曰：'熊野峯高血食祠，松根琥珀亦应肥。昔时徐福浮舟去，直至于今犹未归。'"[①]"太祖"，指明太祖朱元璋。这里提到的日本僧人"津绝海"，也称绝海中津，于明初洪武元年（1368年）来到中国，洪武九年（1376年）春觐见明太祖朱元璋。这说明，日本熊野山前的"徐福祠"，至少在元代或之前就有了。朝鲜李朝晚期著名政治家、历史学家安鼎福因此也深信徐福到了日本："姜沆《看羊录》云：徐福入倭伊纪州熊野山止焉，今有祠，子孙为秦氏。据此则（徐）福之入日本信矣。其称秦氏，犹辰韩之称秦韩，盖以自秦而来也。"[②]

---

① 姜沆：《姜睡隐看羊录》，《倭国八道六十六州图》，韩国古典原文，1656年。

② 安鼎福：《顺庵先生文集》卷之十《书东史问答》，《韩国文集丛刊》第229辑，韩国民族文化推进会，1999年，第545页。

和姜沆有着相同经历的朝鲜官员鲁认（1566–1622，字公识，号锦溪），在1597年日军再次大规模入侵朝鲜时，被俘押送到日本。后来在明朝官员的协助下，于1599年3月逃到福建闽南，年底回到朝鲜。鲁认有《锦溪集》传世，记载了他在日本的一些经历，其中卷之六《倭俗录》提到了在日本的一些见闻，有关徐福的内容同前面姜沆记载的完全一样，也提到了日本僧人与明太祖朱元璋诗歌唱和之事。[①]这说明，二人的信息来源是一致的，同时也进一步说明，日本熊野山的“徐福祠”，应是在元代或之前就有了，明万历年间仍有日本人自称是徐福的后人。

前文提到的朝鲜李朝著名理学家李睟光在其文集中记载：“赵生完璧者，晋州士人也。弱冠，值丁酉倭变，被掳入日本京都。……在日本时，见京都有徐福祠，徐福之裔主之。”[②]“丁酉倭变”，指万历二十五年（1597年），日军大规模地入侵朝鲜。可见明代万历年间的日本京都也有“徐福祠”。

① 鲁认：《锦溪集》卷之六《倭俗录》，《韩国文集丛刊》，第71辑，韩国民族文化推进会，1991年，第233页。

② 李睟光：《芝峯先生集》卷之二十三《杂著·赵完璧传》，《韩国文集丛刊》第66辑，韩国民族文化推进会，1991年，第252页。

万历三十五年（1607年）出使日本的朝鲜官员庆暹（1562–1620）也记载：“秦始皇遣徐福，入海求仙药。徐福至纪伊州，居一百八十九年而死。国人为之立祠，至今祭之云。”[①] 虽然徐福在日本活了189年的说法过于夸张，但他被日本人“为之立祠，至今祭之”，应为可靠记载。

明末天启甲子年（1624年）朝鲜赴日本回答使副使姜弘重（1577–？）在日本期间，曾向负责接待的日本官员询问：“徐福祠在何处？”日本官员回答说：“在南海道纪伊州熊野山下，居人至今崇奉，不绝香火。其子孙亦在其地，皆称秦氏云。熊野山一名金峯山云。”[②]

朝鲜孝宗大王六年乙未（清顺治十二年，1655年）出使日本的朝鲜官员南龙翼（1628–1692）在《扶桑日录》中记载：“熊野在（大坂）南四十里，即纪伊州之地。而徐福到此山居焉，山下有墓，子孙皆姓秦氏。”[③]这说明居住在熊野山一

---

① 庆暹：《庆七松海槎录》《七月十七日》，韩国古典原文，1607年。

② 姜弘重：《东槎录》，韩国古典原文，1624年。

③ 南龙翼：《扶桑日录·九月初五日》，韩国古典原文，1655年。

带的日本人皆以秦为姓，自称是徐福的后裔，祖祖辈辈都供奉徐福。我们虽然无法考证他们与徐福是否有血缘关系，但这样的风俗信仰代代相传，也不可否定他们与徐福的关系。

除日本九州岛、本州岛等地外，徐福东渡路经的日本对马岛也有徐福的传说，这在赴日的朝鲜官员笔下也有反应。

明代万历申丙年（1596年）秋，朝鲜通信使一行出使日本，正使黄慎（1560–1619）在《日本往还日记》中写道："八月初八日，……夕抵对马岛之西浦。……浦中人居不甚多，泊船处稍平阔。正使昏乘轿登徐福寺而宿。同寺俯临大洋，累石为磴，以板为屋，居僧仅数十人。"[①]可见当时的对马岛有"徐福寺"，黄慎说庙里"居僧仅数十人"，显然太少了，在他看来，作为徐福东渡日本必经之路的对马岛，"徐福寺"的僧人理应更多些。

明代崇祯癸未年（1643年）春，朝鲜通信使一行出使日本，五月初路经对马岛时，朝鲜官员赵䌹（1586–1669）在《东槎录》中记载对马岛地方风俗时提道："采药称徐福，描

① 黄慎：《日本往还日记·八月初八日》，韩国古典原文，1596年。

鹰说宋宗。”[①]亦可证明徐福在对马岛采仙药的故事曾在当地广为流传。

清初，朝鲜官员、著名学者、世子师鱼有凤（1672–1744）在送友人出使日本时赠诗曰：“送君天外去，极目海茫茫。国是秦徐福，舟同汉博望。”[②]鱼有凤认为，秦代的徐福东渡不仅到了日本，而且日本国也是徐福建立起来的。朝鲜官员、著名学者李德懋（1741–1793），本人未去过日本，他依据其他朝鲜官员从日本带回的史料及其他资料，撰写了《蜻蛉国志》，即《日本国志》，其中《神佛》一节有这样的记载：“纪伊州，有高野山，一名熊野山。传言孝灵时，秦人徐市，与其子福，乘舟，至纪伊州止焉。国人尊敬之。市，寻死。福年一百八十而死，多灵异。国人立祠于高野山中，为权现守神。或称福，即市之改名。或称

① 赵絅：《龙洲先生遗稿》卷之二十三《东槎录》，《韩国文集丛刊》第90辑，韩国民族文化推进会，1992年，第424页。

② 鱼有凤：《杞园集》卷之四 《送李美伯邦彦奉使日域》，《韩国文集丛刊》第183辑，韩国民族文化推进会，1989年，第451页。

市之字，又称福之孙。”[①]李德懋记载的日本传言，把“徐市”“徐福”混为父子二人，或是不了解“徐市”与“徐福”只是写法不同而已。不过由此足以证实，直至清朝乾隆年间，日本仍将“徐福”作为神灵供奉，“立祠于高野山中”，也说明徐福东渡的影响，至少是有史料记载以来，上千年一直不曾断绝。

中国清朝时期，还有许多出使日本的朝鲜官员做过关于徐福东渡到达日本的记载，兹不一一引述。

实际上，日本至今有许多关于徐福的传说，“不但有登陆地点，而且还有登陆之后教导土著人民耕种、捕鲸的事。在传说他们一行登陆地的伊熊野浦（今日本和歌山县新宫市），还有徐福和他的亲信的墓，旁边更立有徐福祠，专门祭祀他们，完全像若有其事一般”。[②]虽然这些纪念设施和传说都难以直接证明徐福到了日本，但日本对徐福的信仰及相关风俗确乎长

① 李德懋：《青庄馆全书》卷之六十四《蜻蛉国志·神佛》，《韩国文集丛刊》第259辑，韩国民族文化推进会，2002年。

② 汪向荣：《古代中日关系史话》，时事出版社，1986年版，第53页。

期传承，历一两千年而经久不衰，甚至不少日本人至今仍承认自己的家族来自于徐福或徐福的部属，如日本前首相羽田孜就公开承认自己是中国移民的后裔，“是东渡日本寻找长生不老药的方士徐福一名秦姓部下的后代”，[①] 并多次到中国来寻根问祖。羽田孜曾说过：“我的祖上是姓秦的。我们的身上有徐福的遗传因子，在我的老家还有‘秦阳馆’，作为徐福的后代，我们感到骄傲。”他还说过：“凡是与中国沾边的事，我都高兴去做。有关徐福的活动，我都要争取参加。”[②]这至少可以说明，徐福集团的一部分人到达了日本，并对日本社会的发展做出了重大贡献。日本人民纪念徐福的活动，也反映出他们渴望继续保持中日友好传统的强烈愿望。

三、徐福东渡与中日韩海上丝绸之路

徐福东渡，虽说最初的动机是为了到海上寻找仙山、仙药，但徐福的第二次东渡，带领“男女三千人，资之五谷种

---

① 参见《82岁的日本前首相羽田孜逝世——自称是东渡日本徐福一秦姓部下的后代》，《每日商报》2017年9月1日第A42版。

② 环球网快讯：《日本前首相羽田孜逝世 认为自己是中国移民后裔》，环球网国际新闻2017年8月28日。

种百工而行”，实际上是假借“入海求仙人”到海外拓殖，开创新的疆域。综合史料记载和考古发现，可以得出这样的结论：徐福东渡，是中国传统文化——特别是齐鲁文化——向海外的一次大传播，是中日韩第一次大规模的经济和文化交流。在朝鲜半岛南部和日本列岛仍处于原始生活状态那一时期，秦人徐福带领的庞大船队，沿途传播的是当时最先进的文化和生产技术，这无疑繁荣了中日韩海上丝绸之路，也为汉代更大规模的人员往来和文化交流拓宽了航路。

1. 辰韩应是徐福集团创立的

中国秦朝时期，朝鲜半岛南部——今韩国所辖区域——分属三韩：马韩、弁韩、辰韩。马韩居住在今韩国西部，属当地土著。辰韩，居住在今韩国东部，由“避秦役”的秦人组成，因而也称“秦韩”。[①]弁韩在马韩、辰韩之间，由土著人、辰韩人混合而成。有关朝鲜半岛三韩的史料记载，主要来自《后汉书·东夷列传》和《三国志·魏书·乌丸鲜卑东夷传》，二者所述基本相同。这里仅引述成书较早的《三国志》：

① 陈寿：《三国志·魏书·乌丸鲜卑东夷传》，中华书局1959年版，第852页。

当时的马韩还处在原始生活状态，如“其俗少纲纪……居处作草屋土室，形如冢，其户在上。举家共在中，无长幼男女之别。其葬有椁无棺，不知乘牛马，牛马尽于送死。以璎珠为财宝，或以缀衣为饰，或以悬颈垂耳，不以金银锦绣为珍”。[①]马韩人居住在半地下房屋里，不会使用牛马，牛马只能宰杀食用，不知道金银珠宝和丝绸的珍贵，也没有中国人所尊奉的“长幼男女之别”等礼仪习俗。这说明，马韩土著无论是生产力水平，还是人际关系，都与中国的原始社会相似。

而由“避秦役”的秦人组成的辰韩，其生产力水平和生活习俗则与秦汉时期的山东半岛无异。辰韩“宜种五谷及稻，晓蚕桑，作缣布，乘驾牛马。嫁娶礼俗，男女有别。……国出铁，韩、濊、倭皆从取之。诸市买皆用铁，如中国用钱，又以供给二郡。俗喜歌舞饮酒。有瑟，其形似筑，弹之亦有音曲。……其俗，行者相逢，皆住让路。”[②]

---

① 陈寿：《三国志·魏书·乌丸鲜卑东夷传》，中华书局1959年版，第851页。

② 陈寿：《三国志·魏书·乌丸鲜卑东夷传》，中华书局1959年版，第853页。

辰韩（秦韩）应是形成于中国的秦朝时期，辰韩“名国为邦”[①]就是有力证据。汉朝的开国皇帝是汉高祖刘邦，为了避讳，汉代人是绝不能讲“邦”的，这说明辰韩至晚在秦末就已经形成了。辰韩“始有六国，稍分为十二国”[②]，说明辰韩扩充为“十二国”，或十二个部落，是在辰韩创立不久就完成了，也应是由“避秦役”的秦人组成的。韩国的考古成果已经证实，三韩时期朝鲜半岛南部“避秦役”的秦人主要是来自山东半岛的原齐国人。北京大学教授、中韩古代关系史学家杨通方在《中韩古代关系史论》中也写道：“三韩从新石器时代直接进入铁器时代，与中国山东省形制相同的、棋盘式的支石墓是这一时期具有代表性的遗物”。[③]秦国于公元前221年灭齐，到公元前207年秦就灭亡了，也就是说，秦朝在山东半岛统治时间只有十多年，辰韩“十二国”的形成，也应是在这一时间段完成的。在这样短的时间里，能迅

① 陈寿：《三国志·魏书·乌丸鲜卑东夷传》，中华书局1959年版，第852页。

② 陈寿：《三国志·魏书·乌丸鲜卑东夷传》，第852页。

③ 杨通方：《中韩古代关系史论》，中国社会科学出版社1996年版，第16页。

速扩张，应是徐福第二次东渡的结果。徐福“得平原广泽，止王不来”，也说明徐福找到了可以落脚和发展的居留之地。虽说辰韩居民不一定都是徐福东渡时带去的人员，但以徐福随员为核心，再团结聚集其他“避秦役”的散兵流民，建立一个相对独立的王国是完全可能的。

徐福集团建立辰韩这一观点，朝鲜李朝时期著名哲学家、文人李瀷曾有论述：“按东史辰韩者，秦之避乱者。……齐民流移之徒，岂有越万里度夷貊得至东国之理，又岂有过辽沈四郡之墟而穷到我东南之一角耶，想其势非浮海则不能达也。关中之于东海，既东西厓角，秦人而浮海非流民所办，必将赖国之资送者也。当其时徐市（福）浮海而东邦，果有自秦来泊者，辰韩之为徐市（福）国可知。”[①] “夷貊”，指北方的少数民族，这里指中国北方地区。“东国”，本指当时的朝鲜，这里指朝鲜半岛南部地区。李瀷认为，由“秦之避乱者”建立的辰韩，是“齐民流移之徒”越海到这里建立起来的，“非浮海则不能达也”。具体说，辰韩

---

① 李瀷：《星湖先生僿说》卷二十《经史门·徐市》，韩国古典原文，1760年。

是徐福一行东渡到这里建立的，而非秦人中浮海的“流民所办”。当时秦人中的“流民”是没有能力建立辰韩的。建立辰韩必须是“赖国之资送者也”，则唯有徐福一行能够做到这一点。

清初，朝鲜王室重臣权相一（1679–1759）也提道：“我国（指朝鲜）名山，以金刚为第一，则蓬莱之称，舍此山不可得也。徐市为避秦计，以神山采药之说，欺弄始皇，其所止泊处，不可详知。……秦人之为辰韩似分明，秦时有浮宅之民，若青齐等地，不堪役烦。浮海而来，接于我国东南，势或有之也。”[①]“浮宅”，浮在水面的房屋，指船。“青齐”，指山东半岛。山东半岛，夏代属青州，春秋战国时属齐国。权相一也认为，徐福一行应是乘船来到了朝鲜的东南部，当年的辰韩应是徐福一行建立的。

1905年日本学者浅见伦太郎来到朝鲜半岛，考察了徐福东渡至朝鲜半岛南部的遗迹，在谈到当年辰韩作为“秦国亡命人”建立的国家时也提道：“徐福带领童男童女渡海……

①［日］权相一：《清台先生文集》卷之六《答李子新　甲子》，《韩国文集丛刊·续》第61辑，韩国民族文化推进会，2008年，第327页。

数千童男童女流亡的事实是显而易见的。"[①]他也认为辰韩是由徐福带领童男童女建立的。

在朝鲜李朝之前的高丽时期，身居高丽王室要职的李谷（1298–1351），在谈到朝鲜半岛东南部东莱府时提道，这里是"徐福寻仙处，新罗入贡余"。[②]"新罗"，其前身就是辰韩。唐高宗时，新罗在唐军的支援下统一了朝鲜半岛。李谷认为，朝鲜半岛东南部的辰韩就是徐福当年寻仙落脚的地方，后来新罗人之所以频繁地向唐王朝进贡，即因辰韩乃中国人徐福所建。从西汉至唐高宗时期，山东半岛东部一直属东莱郡管辖，包括传说是徐福故乡的徐乡县都在东莱郡管辖之下。朝鲜半岛的东莱府显然与山东半岛的东莱郡具有某种渊源，至于是否也与徐福东渡有关，尚待再作考究。

辰韩不仅熟练掌握冶铁和铁器制造等先进技术，而且能够大量生产，周边的国家，包括西边的马韩、弁韩，朝鲜半

---

① 中国国际徐福文化交流协会：《徐福志》第十三章《韩国部分史籍有关徐福的记载》，中国海洋大学出版社2007年版。

② 李谷：《稼亭先生文集》卷之十七《郑仲孚示予去年蔚州所作东莱十首，次其韵》，《韩国文集丛刊》第3辑，韩国民族文化推进会，1990年。

岛北部的濊貉，甚至汉初汉朝管辖的乐浪郡、带方郡，及与辰韩隔海相望的日本，对铁的需求皆有赖于辰韩。辰韩人还能生产高档丝绸“缣布”。“缣布”，东汉刘熙的《释名》解释说：“缣，兼也，其丝细致，数兼于绢，染兼五色，细致，不漏水也。”[①]中国的汉代、魏晋时期，缣布一直是作为贵重物品甚至以之取代货币，晋建国之初，“泰始中，河西荒废，遂不用钱，裂匹以为段数。缣布既坏，市易又难。”[②]辰韩“嫁娶礼俗，男女有别”，“行者相逢，皆住让路”[③]，也都是齐鲁礼仪之邦的文化习俗。显然，辰韩高度发达的生产力和先进文化，不仅影响了朝鲜半岛南部，对秦末汉初的朝鲜半岛北部，以及日本都产生了深远影响。

春秋战国时期，齐国的纺织业非常发达，《史记·货殖列传》记载：“齐冠带衣履天下”，当时各国贵族及上层人士头上戴的，身上穿的，包括脚上的鞋子，所用的高档丝绸

---

① 王先谦：《释名疏证补》，中华书局2008年版，第149页。

② 房玄龄等撰：《晋书·列传第五十六》，中华书局1974年版，第2226页。

③ 陈寿：《三国志·魏书·乌丸鲜卑东夷传》，中华书局1959年版，第853页。

都来自山东半岛的齐国。齐国的丝绸也是当时出口周边诸侯国，包括海外国家的主要货源之一。

春秋战国时期，齐国冶炼业和铜、铁器生产同样非常发达。《管子·海王篇》说，“今铁官之数曰：‘一女必有一针一刀，若其事立。耕者必有一耒一耜一铫，若其事立’”[①]。说明当时铜、铁器具已在齐国得到广泛使用。1949年后出土的齐叔夷钟有铭文曰：“余命汝司予莱，陶铁徒四千”[②]。因叔夷灭莱国有功，齐灵公命叔夷管理莱国并赏给叔夷四千冶铁工人。齐灵公赏给叔夷“陶铁徒四千”，可见当时齐国冶铁规模很大。

徐福乃齐人，必然熟悉家乡的铁器制造、高档丝绸织造等情况，东渡时除了带领掌握铁器制造、高档丝绸制造的“百工”，也少不了要带上相关的生产工具，甚至部分原材料，等等。

辰韩能组织起大规模的冶铁生产，出产高档丝绸，如果没有相应的原材料和先进的生产工具、生产工艺是不可能

---

① 黎凤翔：《管子校注》，中华书局2004年版，第1255页。

② 李英森：《齐国经济史》（“齐文化丛书”14），齐鲁书社1997年版，第410页。

的。仅靠“避秦役”的散兵流民，难以在短时间内形成大规模的生产活动，而徐福东渡带领大批人员及“五谷种种百工”，不仅有擅长各种工艺的工匠，还有各种生产设施，凭借雄厚的人力物力，即可在较短的时间里组织起有效的冶铁、丝绸生产。同时辰韩的生活习俗也并非本土原生，而是徐福治下的民众，遵循沿袭了母国传统的结果。

辰韩所在地域本来属于马韩，“避秦役”的秦人来到朝鲜半岛南部，“适韩国，马韩割其东界地与之”。[①]这可说明两点，其一，来到朝鲜半岛南部“避秦役”的秦人，不会是零散的溃兵流民，而是比较集中的有组织有首领的大批人员，否则，马韩不会割让那样一大片土地让他们居住，使其成为独立的国家。而见于史料记载的，秦代唯有徐福一行大规模东渡，这也可以旁证，由“避秦役”的秦人形成的辰韩，就是徐福集团建立的。而其他零散的“避秦役”的秦人，应主要居住在弁韩，这里原来就有当地土著人居住，故而形成土著人和秦人杂居的地区。其二，徐福一行在朝鲜半岛东南部，今韩国东部一

① 陈寿：《三国志·魏书·乌丸鲜卑东夷传》，中华书局1959年版，第852页。

带建立自己的国家或部落，其土地不是靠侵略得来的，而是和当地土著人友好相处的结果。虽然，徐福东渡也有较强大的兵力相随，建立的辰韩一开始就有着先进的文化和生产力，但自始至终尊重马韩当地土著人，并拥戴马韩人做自己的领袖，“辰王常用马韩人作之，世世相继。辰王不得自立为王”[①]。“辰王不得自立为王”，也有可能是马韩当时让秦人大规模居住在自己地盘的条件，但“世世相继”，则说明即使辰韩的生产力远远超出了当地土著人马韩，也没有取而代之的行动。从汉代一直延续到三国时期，四五百年间，辰韩都是马韩附属国，这在朝鲜半岛高丽时期成书的《三国史记·新罗本纪》中就有记载。[②]辰韩人“行者相逢，皆住让路”，展现的也是一种尊重对方、和谐相处的丝路文化精神，也正是因为有了这样一种文化，才使得马韩能够接受辰韩，辰韩人能在异国他乡长期存在，并与当地人融为一体。

综上所述，我们认为，辰韩应是徐福集团建立的。徐福东渡把秦王朝高度发达的造船、航海技术，冶铁及制造铁

① 陈寿：《三国志·魏书·乌丸鲜卑东夷传》，中华书局1959年版，第853页。

② 金富轼：《三国史记》，吉林文史出版社2003年版，第3页。

器、高档丝绸等技艺，还有“宜种五谷及稻”，“乘驾牛马”等先进的生产方式，以及相互尊重、和谐文明的生活习俗带到朝鲜半岛南部，也大幅度地推动了朝鲜半岛南部的发展进步，使得当时还处在原始社会状态的马韩综合国力和生产力水平得到飞速提高。

2. 对日本弥生文化贡献最大的应是徐福集团

日本历史上有过一段刀耕火种的蒙昧阶段，后来由原始的绳纹文化迅速进入了更先进的弥生文化。弥生文化因最早在东京都文京区弥生町发现弥生式陶器而得名，考古发掘证明，日本人民在这一时期开始了农业生产，尤其是水稻种植，同时也开始使用青铜器和铁制生产工具以及丝织品等，而且出现了文字。所有这些，都与此前的绳纹文化没有任何传承关系。这一文化上的质变时期，即日本的弥生时代。这种文化上的质变，生产力的跳跃式发展，不可能凭空而生，日本学界、考古界认为：弥生文化源于中国北方沿海文化。对此贡献最大的，应是东渡到日本的徐福集团，因为只有像徐福带去的先进生产力，才有可能促使日本发生这种质的突变。

日本的弥生时代，起止时间大约是公元前200年到公元300年，持续了约五百年，相当于中国的秦汉时期。也就是说，日本的弥生文化开始于中国的秦朝时期。弥生文化最大的遗址，位于九州岛北部的佐贺县吉野里丘陵，这一带也应是徐福集团东渡经由对马岛、壹岐岛，越过朝鲜海峡后登陆日本九州岛的登陆地。弥生文化有一显著特点：在日本仍处于原始生活状态的绳纹文化时期，便开始了农业生产，并种植了水稻，生产中使用青铜器和铁制工具。中国社科院著名考古学家安志敏曾撰文指出："古代日本没有经过真正的青铜器时代，而是由新石器时代直接过渡到铁器时代，但弥生的铁器时代还没有完全排挤掉石器。"[①]也就是说，日本的社会进步发生了跨越式的发展。研究古代日中文化交流的专家，日本学者羽田武荣博士指出：从日本出土的文物考察看，"这些东西起源于中国沿海的东夷人"，"弥生文化并不是绳纹文化的继续和发展，而是外来文化。而传播这些文化的人则是包括徐福东渡集团在内的中国人。"[②]羽田武荣博士在《与徐福相关的古印章》的报告中，还详细介绍过上世纪三十年代，在日本"富士山下挖得一枚狮形印章的情况，该

① 安志敏：《日本吉野里和中国江南文化》，《东南文化》1990年第5期，第198页。

②［日］羽田武荣：《日本学者看徐福》，载《海洋世界》1995年第7期，第23页。

印高31.3mm，印长22mm，重47.4克。印面为大篆'秦'字样，印质似为青铜合金。……该印造型为秦、汉时代流行的狮形印，可确定系中国大陆遗物。"[1]日本弥生时代没有自己的文字，而是借用的中国汉字。日本吉野里遗址"环壕聚落及其防御措施严密，农耕和手工业的分工，商业性贸易的出现，坟丘墓象征的阶级分化，都标志着城市的萌芽"。[2]这都说明，日本弥生时代，即中国的秦汉时期，与中国大陆有着广泛而深入的文化交流，并受到中国先进文化的深刻影响，而徐福东渡应在其中发挥了重要作用。

日本弥生文化的一个重要标志就是出现了水稻的种植，这也标志着日本农耕时代的正式开启。日本原先没有野生水稻，其水稻种植肯定是中国大陆传过去的，至于怎么传到日本去的，专家们的观点并不一致。安志敏就曾提道："几乎所有学者都主张日本的稻作农耕来自中国，但传入的通道却有华北、华中和华南三种说法。过去以华北说占优势，即由陆路（河北、辽宁）或海路（山东）经朝鲜半岛而传入日本。

① 刘毅：《徐福研究评述》，《日本研究》1992年第1期。

② 安志敏：《日本吉野里和中国江南文化》，《东南文化》1990年第5期。

由于华北缺乏早期稻作的实证，作为传播的起点是不大可能的。最近一般倾向于华中说，即由长江下游经东海而传入朝鲜和日本，……绳文晚期稻作农耕的出现以及弥生文化的进一步发展，当时由于海上交通而输入的。”①安志敏之所以否定了华北说，是因为“华北缺乏早期稻作的实证”，但随着新的考古成果的问世，华北说又占了上风，这也为徐福东渡将稻作农耕带入日本提供了证据。

20世纪末，山东和苏北地区多处发现了龙山文化时期的稻谷遗存和稻田遗址，如山东烟台市辖区的栖霞杨家圈二期文化遗址，山东日照市辖区的尧王城遗址、两城镇遗址、五莲丹土遗址，山东淄博市辖区的临淄田旺遗址；与山东邻近的苏北连云港市辖区藤花落遗址、赣榆县盐仓城遗址、赣榆县后大堂遗址，等等。②这些地区稻谷遗存和稻田遗址的发现，既说明早在公元前两千多年前的龙山文化时期，山东半岛及周边地区就开始种植水稻，也使得水稻种植传入朝鲜半岛和日本的路线也越来越明朗化。著名考古学家、北京大学

---

① 安志敏：《江南文化和古代的日本》，《考古》1990年第4期。

② 靳桂云、栾丰实：《海岱地区龙山时代稻作农业研究的进展与问题》，《农业考古》2006年第1期。

教授严文明在1997年就撰文指出："由于有（栖霞杨家圈遗址发现稻谷遗存）这一发现，稻谷农业最初传入日本的路线开始明朗化了。过去有所谓北路说、中路说和南路说，后二说事实上不大可能，而前一说又缺乏证据。杨家圈的发现证明北路说是有道理的。如前所述，从大汶口文化直到岳石文化的长时期中，山东半岛的史前文化是单方面向辽东半岛传播的，而辽东半岛史前文化对朝鲜半岛的影响也是明显的。因此我提出了一个从山东半岛经辽东半岛、朝鲜半岛再到日本九州岛，以接力棒的方式传播过去的说法，简称'北路接力棒说'，此说后来因为在大连大嘴遗址和朝鲜平壤附近的南京遗址都发现了稻谷遗存而得到了相当的证实。"①

朝鲜半岛和日本的水稻种植是由山东半岛传入的这一论断，得到了中日韩三国的专家的广泛认同，有的日本专家还把日本弥生时代出现的稻作农耕与徐福东渡联系到了一起。由河南省文物考古研究所、中国农业大学、韩国汉城农业大学的中韩两国专家共同完成的论文《也论中国栽培稻的起源与东传》一文中提道：1991年在河南省舞阳贾湖遗址发现了

① 严文明：《胶东考古记》，文物出版社2000年版，第3页。

距今约8000年的人工栽培的稻谷，说明淮河流域和长江流域一样，也是栽培稻的发源地，根据这一考古发现，两国专家共同认为："山东沿海的稻作文化有可能直接向东传播至朝鲜半岛中部的汉江下游，然后再由此向南北两个方向扩散开来，向北至朝鲜半岛北部，向南直至日本列岛。"①日本东亚文化交流史研究会事务局长内藤大典在《弥生旗手——徐福》一文中指出："以相传为徐福登陆地的佐贺市诸富町北部七公里处发现的吉野里遗迹出土的文物为证，并比照中国的仰韶文化遗址、半坡遗址、淹城遗址，认为徐福东渡集团是日本稻作文化的开创者，是弥生文化旗手。"②

专家学者们之所以更倾向于北路说，正如严文明教授说的，中路说和南路说"事实上不大可能"。这里说的"不大可能"，主要还是因为当时的航海条件从江浙闽沿海一带直通日本是不现实的。三国时期东吴以一国之力，派出大批兵力乘船寻找徐福登陆的"亶洲"，也只能到达"夷洲"，今台湾岛，到不了徐福登陆的"亶洲"，今日本九州岛。三

① 张居中：《也论中国栽培稻的起源与东传》，《农业考古》1996年第1期。

② 刘毅：《徐福研究评述》，《日本研究》1992年第1期。

国时期尚且如此，更不用说秦汉时期了。

日本弥生文化的另一表现，就是这一时期“大陆上大批的移民到了日本列岛。这批移民的数量相当庞大，由于这批移民的到达（主要在北九州岛和本州岛的西部）并与当地土著居民通婚，一段时间内甚至改变了当地人的体质状况，……弥生时代日本列岛的人身高突然间增高了近三个厘米。”[①]短时间内中国大陆大批移民能够到达日本的，同样不是分散的一家一户移民可以达到的，也只有像徐福东渡集团这样成千上万的人才能做到，更何况徐福带走了大批的童男童女，这些童男童女长大成人后，与当地人结婚生子，后代子女自然也具有异族融合的遗传优势。

日本弥生文化的最大遗址——九州岛吉野里遗址的发现，为秦汉时期的中国人东渡日本提供了强有力的证据。尽管将徐福东渡与日本九州岛吉野里遗址中的先进文化要素联系到一起还需进一步研究考证，但是正如前文所述，除了史料记载的徐福东渡之外，再也找不到这样大规模全方位地提

① 蔡凤书：《古代中国与史前时代的日本——中日文化交流溯源》，《考古》1987年第11期。

升日本生产力飞速发展的其他原因了。所以，日本弥生文化与徐福东渡的联系是无法排除的。

徐福东渡先到朝鲜半岛南部，再由朝鲜半岛南下至日本列岛，已成为现当代许多中日韩学者的共识。但徐福集团把日本作为登陆地，还是把朝鲜半岛南部作为登陆地，看法并不一致。有专家认为“朝鲜半岛的南部有大块平原”，指的就是徐福找到的“平原广泽”[①]。但包括日本学者在内的许多专家认为，徐福东渡的目的地是日本九州岛，朝鲜半岛不过是路过而已。前面提到的明清时期的朝鲜李朝学者也有类似的观点。我们认为，徐福二次东渡，因受航海能力和对日本了解的限制，第一次东渡应是停留在了朝鲜半岛东南部，辰韩的建立应与徐福集团有关。在开发朝鲜半岛时，由于技术人员和生产资料的短缺，才有了徐福携“五谷种种百工而行”的第二次东渡。朝鲜半岛东南部临近日本，随着对朝鲜海峡和日本的了解，徐福集团又有大批人员从朝鲜半岛移居日本九州岛，也就有了九州岛吉野里遗址出现的生产力飞速发展的景象。

---

① 朱亚非：《古代山东与海外交往史》，中国海洋大学出版社2007年版，第36页。

徐福东渡，是一次打着“入海求仙人”旗号，准备了丰厚的海外生存必需品，有组织、有目的的海外拓殖，是中国历史上第一次大规模的海外移民；同时也是中国第一次大规模的海上丝绸之路活动，不仅比汉武帝时期在陆路开辟的西域丝绸之路早了八十多年，更比同样是大规模海上丝绸之路活动的明代郑和下西洋早了一千六百多年。徐福东渡不仅在“海上丝绸之路”传播了中华文明，为当时朝鲜半岛和日本列岛的生产力发展和社会进步做出了重要贡献，也在东渡沿线洒下了友谊的种子，为汉代更大规模的中韩日海上丝绸之路拓宽了航道。到达彼岸的童男童女们繁衍生息，更是演绎着一代代中韩、中日友好交往的佳话，韩国和日本今天之所以仍在祭祀和纪念徐福，这应是主要原因。徐福率领的庞大船队东渡远航，是中国乃至世界航海史上的伟大创举，不仅是中国历史上第一次大规模的海上探索和海外开发活动，也比哥伦布当年发现美洲大陆早了一千七百多年。所以，我们可以无愧地说，徐福不仅是中国早期海上丝绸之路航船上的伟大舵手，也是世界航海史上的伟大开拓者。

（本文为2017年度山东省社科联人文社会科学课题［17-JS-04］研究成果，王慧亦有贡献。）

张炜作品中的“徐福”考略

赵月斌

一

徐福，又作徐市。关于这位秦代方士，最早的记载出自《史记》。《史记·秦始皇本纪》写到，齐人徐市奉始皇之命，带领童男女数千人，入海求仙，结果不知所终。《史记·淮南衡山列传》则说，秦始皇“使徐福入海求神异物……遣振男女三千人，资之五谷种种百工而行。徐福得平原广泽，止王不来。”后来，在笔记小说《十洲记》和《太平广记》中，又说“徐福，字君房”，曾奉始皇之命去东海寻找不死之草“养神芝”，“寻祖洲不返，后不知所之”。这些记载和民间传说大体相似，总之都是说秦代的大忽悠徐福，骗过了不可一世的始皇帝，带着三千童男童女溜之大吉，跑到什么爪哇国自立为王去了。

徐福这样一个行迹渺茫异乎寻常的人物，即便出于正史，大概也免不了玄虚之辞，在民间传说中，更是不断地被敷衍穿凿，播散流布。自秦迄今两千多年，中国沿海出现了多处徐福故里，有多部徐氏家谱、族谱，言之凿凿地记载了徐福的家世渊源。从日本列岛到朝鲜半岛、舟山群岛，则出现了很多徐福登岸处、徐福墓。尤其是在日本，许多地名都与徐福东渡有关，其登陆纪念地竟有二十八处。不少日本人认为他们的祖先就是当年随徐福东渡的秦人——担任过第八十任首相的羽田孜（1935—2017），就曾于2002年到江苏的徐福村认祖归宗。事实上，自司马迁以后，班固的《汉书》、陈寿的《三国志》、范晔的《后汉书》等史书都记有徐福入海求仙之事，但皆未出《史记》窠臼，所叙徐福到过的蓬莱、方丈、瀛洲、祖州、夷洲、亶洲等地，均无可确证。直至隋唐时期，因日本九州一带文物制度颇见秦国遗风，有人猜测此地便是徐福止而不还的“夷洲”。之后，经过历代史家、文人的反复叙写，徐福东渡求仙到达日本的说法遂被广泛接受。五代时期后唐僧人义楚听取日本和尚宽辅讲述的徐福传说，即在《义楚六帖·城廓·日本》中记曰：“日本国亦名倭国，东海中。秦时，徐福将五百童男、五百童女，止此国也。……徐福止此，谓蓬莱，至今子孙皆曰秦氏。”明人薛俊著的《日本考略·沿革考》说得更为肯定：

“先秦时，遣方士徐福将童男女数千人入海求仙，不得，惧诛止夷、亶二洲，号秦王国，属倭奴。故中国总呼曰‘徐倭’”。《史记》所说的“平原广泽”——传说中的“三神山”——就这样几乎和日本列岛完全等同起来。与之相应，徐福的故事也成为引人遐思的文学题材，李白、皮日休、欧阳修、李舫、吴莱、朱元璋、宋濂、黄遵宪、薛福成等都曾留下相关诗文。延至近现代，徐福其人以及东渡之事成为备受关注的研究课题，徐福文化成为中日韩乃至东北亚地区不可轻觑的一种文化现象。

通过两千多年的传布，“徐福”已不单是一位静态的历史人物，还是一个活着的文学形象，他在海内海外、民间庙堂的多种语境中被言说、被塑造，徐福的故事愈发扑朔迷离而意味深长。但是纵观历代传说、诗文，徐福要么被视为神神道道的诡诈之徒，要么作为超凡入圣的象征，基本停留在空泛的吟咏感发、借题发挥的层面上，相关作品不过是零零散散地浅尝辄止而已。比如，郭沫若创作的历史剧《高渐离》中出现的徐福，在赵高眼里就是“假聋子，真骗子”，无异于跳梁小丑。逮至当代，尽管也有作家涉及徐福东渡的题材，但是只有在张炜笔下，徐福才成了典型的文学人物，关于他的故事方才蔚为大观，成为一座内蕴广博的文学矿藏。

二

《史记》说，方士徐福乃“齐人”也。山东龙口市徐福镇，原名“徐乡城”——元代方志《齐乘·古迹卷》称其“以徐福求仙为名”——此地即徐福故里。齐东海滨自古便是仙道盛行之地，奇人徐福生在这里，说来不算稀奇。张炜生于龙口海边，很多关于徐福的古迹传说，都曾亲见亲闻，对此，他素来引以为荣，且格外重视它们的价值。上世纪80年代末，完成长篇小说《古船》之后，张炜重返故乡龙口挂职，长期旅居胶东，开始留意搜集研究民间历史资料。大概就是这一时期，徐福重新进入他的视野，引发了他的探究兴趣，从此结下了不解之缘。张炜说过：“在中国，我总觉得从古到今，很少有谁能像这个人物一样值得寻味。他就是秦代的徐市。”[①]张炜显然有着浓厚的“徐福情结”，一直以来，他投入极大热情，关注、推动徐福研究，并且身体力行参与大量实际工作，为徐福文化拓出了新天地。1989年，山东省徐福文化研究会在龙口成立，张炜担任副会长。1993年，担任

① 张炜：《徐福在日本》，《张炜文集》第35卷，作家出版社2014年版，第43页。

中国国际徐福文化交流协会副会长，2011年，任会长。这些年，他频繁参加关于徐福文化的国际交流活动，多次赴日韩考察，搜集素材、资料，先后主持编纂出版了五卷本《徐福文化集成》（山东友谊出版社，1996年）、徐福研究工具书《徐福辞典》（中华书局，2015年），为研究徐福做足了功课，围绕徐福东渡创作发表了大量文学作品。对他而言，徐福既是难有端绪的研究对象，又是未可穷尽的写作资源。通过对史实和传说的研究与重构，张炜盘活了有限的地方性文化遗产，使之具备了思接千载、视通万里的宏大气场，更使其化作充满艺术魅力的文学镜像，让我们在辽阔的历史陈迹中，看到了“齐人”“莱夷人”的苍茫背影。

那么，张炜的“徐福情结”肇始于何？其实早在《古船》中，这位胶东老乡就已悄悄出场，只是不太引人注意罢了。那个疯疯癫癫的隋不召，成天开口闭口郑和大叔、《海道针经》，他身上就很有一些徐福遗风。在小说中，喝醉酒的隋不召胡话连篇，大谈公元前485年齐国和吴国的海上大战，范蠡、邹衍、秦始皇和洼狸镇的跋四现身于同一时空，徐福之名就是经由他之口一闪而过：“……化霜以后没几年秦始皇就来了，镇东老徐家的徐福来了邪劲，非拉我去见秦始皇不可。”[①]实际上，徐福镇东村村南确有一处“徐乡故城遗址”，遗址东一公里有徐家庄，村里徐姓村民自称徐福后裔。可见隋不召的醉话并非信口开河，所谓“镇东老徐家的徐福”实在是有据可循的。20世纪60年代，这里出土了上百件秦汉文物。80年代初，又在故城北端的土丘上发现了干山遗址，发掘了十余座汉墓，出土了一批青铜器和彩绘陶器等。张炜早年便曾留意考察过这些古迹遗址，《古船》开篇出现的一座高大土堆——“东莱子故城”遗址——显然脱胎于他的实地考察。由此大可推证，张炜和徐福夙有渊源，他对徐福的“家底儿”早已谙熟于心。让我们再留意《古船》，其实第一章即已点明：“秦始皇二十八年先到鲁南邹峄山，再到泰山，最后来到洼狸，修船固锚，访蓬莱、方丈、瀛洲三神山。”[②]虽然“老徐家的徐福”隐而未出，像是不经意的虚晃一枪，却为张炜的徐福研究、徐福叙事埋下了伏笔。

《古船》问世十年后，张炜出版小说集《东巡》（公元前219—前210）（列为《徐福文化集成》第四卷），收入

① 张炜：《古船》，人民文学出版社1984年版，第85页。

② 张炜：《古船》，人民文学出版社1984年版，第6页。

《瀛洲思絮录》《东巡》《孤竹与纪》《古歌记寻》《射鱼》《造船》等六部篇幅不等的中短篇小说。秦始皇统一六国后，为了“示疆威，服海内”，先后多次巡狩天下，其中三次向东到达山东沿海一带。这部小说集主要就是在史实和传说的基础上重构了秦始皇东巡、徐福东渡的故事，当然，其中一个重要角色便是齐人徐福。张炜在该书《后记》中说：《东巡》是一部“关于徐福的书”，是他七年来参与徐福研究会工作的结果之一。从写作时间上看，最早写于1989年12月的短篇小说《造船》，徐福尚未出现，其后是写于1990年3月的短篇小说《射鱼》，标志着徐福的正式出场。史书有载：徐福入海求仙未果，谎称遇大鲛鱼挡道。秦始皇遂寻巨鱼而射杀之。《射鱼》大体铺陈敷衍此事，其中徐福似显滑稽，传言中这个方士如同怪物，竟然是“学问听得，药丸吃得，就是样子见不得——见了恶心。”[①]这里的徐福也只是一个形象欠佳的丑角，作为秦始皇的陪衬，插科打诨而已。《造

① 张炜：《东巡》，《徐福文化集成》（之四），山东友谊出版社1996年版，第371页。

船》和《射鱼》立足于史实，叙事多少有些拘谨，应是张炜介入历史题材的试笔之作。

1992年9月，张炜为徐福研究会编订的《徐福传说》（香港亚洲通讯出版社）作序，表达了他对民间文学、民间精神的看重，阐发了他的“徐福观”：

> 一块土地的神秘性往往是令人吃惊的。谁也想不到在改革开放的今天，龙口人仍然可以从几千年前出现的一个杰出人物身上、从关于他的数不清的传奇故事中吸取精神营养。这个人就是古代徐乡的方士徐市。由于他的名字与秦始皇东巡的事迹交织在一起，也由于他率领浩浩荡荡的船队东渡日本的壮举，在教科书和典籍中，尤其是在人民的心灵中，早已经化为了不朽。
>
> 关于徐市的传说很多，它是历代人民在史实的依据下创造出来的，是祖国民间文学宝库中闪闪发光的珠玑……
>
> 它不是信史，但它却以无比丰富的民间精神包容了信史。它支持了学术，也走进了学术。它既

有自己史的缜密性，又有飞扬的浪漫精神。[①]

张炜认为，这本传说集是“可贵的开拓”，“它迈出的第一步就不同凡响”，并宣称：“一项富有远见、具备超常意义的事业开始了。”现在看来，这也表明他已开始了重构徐福的文学探险，其时创作的《东巡》（写于1992年）、《瀛洲思絮录》（写于1992年8月—1996年6月），便具备了一种“飞扬的浪漫精神”。

还是在《东巡·后记》中，张炜阐释了科研与艺术（研究与创作）的关系：

> 徐福研究牵涉的领域极多，但翔实有据的文字资料却比较匮乏。这似乎有利于创作而较不利于科研。实际上，真正意义上的创作将因此变得更为小心翼翼。
>
> 想象的放纵、推演的失度，都将给这样一部艺术品带来损伤，破坏其应有的矜持美和庄重美。她之浪漫、诗意，都必须发生在严整的基柢之上。

---

① 张炜：《读〈徐市传说〉序》，《瞭望周刊》1992年11月2日，第33页。

……我既必须严格地尊重已有的科研成果，又必须依据和遵循艺术的特有规律。它们二者是依存、互助、弥补与升华的关系。

科研需要小心地求证假设；而艺术却不能无端地给予假设。艺术如果不能使科研焕发出庄严的诗意，那么艺术也将是虚妄的呓语。[①]

张炜不满足于史实资料的匮乏，也不满足于无根无凭“戏说”，希望科研和艺术能够相得益彰，所以他的徐福故事必然要打通虚实之隔，在真假之间、有无之间找到一条恰适的言说之道。这种关于学术研究和艺术实践的思辨也是张炜的一种自我试炼，通过这种反复的试炼，足可见一个作家的文学抱负和艺术自觉。从《东巡》和《瀛洲思絮录》就能看到，张炜完全打破了题材的羁绊，让两千多年前的古人重新活在了文字中，原本面目模糊的徐福和秦始皇变得眉宇清晰，神色鲜明起来。

---

① 张炜：《东巡》，《徐福文化集成》（之四），山东友谊出版社1996年版，第390—391页。

《东巡》大约十万字，相当于一部小长篇，实际是对《造船》《射鱼》两个速写式短篇的扩展。小说里的“大王”建立了伟业，平定了六国，筑起了长城，海内归一，甚至可以号令万物，咳嗽一声便会山河变色，大地摇撼。他至高无上，不可一世，却害怕终有一死，所以命徐福去寻长生不老药，企图以此战胜“时光”，可终究还是命丧东巡之途。这部小说多用口语，显得生动而谐谑，情节多有荒诞夸张。张炜似乎有意以轻逸诙诡的姿态，为晦明莫辨的历史平添不少意趣。《瀛洲思絮录》的篇幅和《东巡》差不多，所谓“思絮录”就是徐福以第一人称讲述“我”的瀛洲故事——徐福入海求仙，究竟去向何处，结果如何？史书和传说皆语焉不详，即便称其最终登陆日本，也只是点到为止。至于徐福和他的随众后来怎么样，过上了什么样的生活，从来都是一桩悬案。就像公主嫁给了王子，从此过上了幸福的日子，似乎徐福只要一走了之就万事大吉，这个传奇故事就可以圆满结束了。可是张炜并不满足于这种偷懒的故事套路，而是在《史记》和传说结束的地方开始小说——他化身为徐福，用繁茂的思絮构建了一个乌托邦式的“瀛洲”胜境。张炜完全颠覆了徐福的“方士”形象，把他塑造成了带领人们去往自由净土的东方摩西。

由此可见，张炜并没有拘泥于史实、定论，并没有机械把古人还原为古人，他给秦始皇、徐福涂上了不可调和的悖论色彩，更为小说文本注入了觉者之思和现世之问。

三

《东巡》单行本另外还收入了《孤竹与纪》《古歌记寻》——实际是从长篇小说《人的杂志》（写于1991年）和《柏慧》（写于1994年）节选的片断。之所以收入《东巡》，当然还是因为都跟徐福有关，只是它们不像其他几篇纯属“历史小说”，而是在现实叙事中对应加入了相关的历史。小说叙述人（宁伽）和作者一样迷恋古迹遗址、民间传说，他既像考古学家又像侦探家，总在孜孜矻矻地寻找线索证据，以求破解“先人的来历和血脉”。

“藏徐镇成为我命中的一个滞留地，有关它的谜语也许足够我花上一生才能破解。它长久地吸引着我，我一次次放弃了手边的事情而走向了它。”[①] ——《孤竹与纪》中的

① 张炜：《东巡》，《徐福文化集成》（之四），山东友谊出版社1996年版，第302页。

“藏徐镇”显然得名于徐福，作者的“徐福情结”于此表露无遗。“我”不止一次长途跋涉到乾山遗址、士乡城遗址等一处处古城遗址，还搞来数不清的古籍、资料，“破译一个接一个的谜语”——“令我坚信不疑的是，我属于东莱，属于居住在登州海角的莱夷族。”①

> 莱夷人到底是一支怎样奇怪的民族，他们来自何方、又走向何方？他们消失在这个世界上的哪个角落？②
>
> 莱夷族后代的故事并没有完结。从远古到今天，这个故事长得没有尽头……③
>
> 我不知莱夷族的人如今都生活在什么地方？他们的命运？他们的行踪？他们只像闪电一样在这座城市里划出一道命运的光亮，随即消失了……更

---

① 张炜：《东巡》，《徐福文化集成》（之四），山东友谊出版社1996年版，第309页。

② 张炜：《东巡》，《徐福文化集成》（之四），山东友谊出版社1996年版，第310页。

③ 张炜：《东巡》，《徐福文化集成》（之四），山东友谊出版社1996年版，第317页。

多的却是隐没在那些平凡的故事中。[①]

仍然留在故地上的莱夷人今在何方？他们过着怎样的日子？岁月赠给他们的又是什么？[②]

如今的莱夷人在这个世界上广为分布，像天上的星斗撒遍了夜空。[③]

张炜和小说里的宁伽一样是以莱夷人自居的，所以对这一族群来历去向的探寻，实质也是对自我存在的深层追问。我们会看到，这个常怀旷古之忧思的“我”不仅沉迷于稽古揆今，还展开想象，重建了一部民族变迁谱系史。同样的，《古歌记寻》中的“我”干脆就是一个热衷于收罗民间故事和民谣古歌的人。“这儿的民间传说中，关于秦始皇东巡、召见徐市的故事很多，几乎每个村庄的老人都能说出一串。而且这里徐姓村

① 张炜：《东巡》，《徐福文化集成》（之四），山东友谊出版社1996年版，第324页。

② 张炜：《东巡》，《徐福文化集成》（之四），山东友谊出版社1996年版，第324页。

③ 张炜：《东巡》，《徐福文化集成》（之四），山东友谊出版社1996年版，第302页。

落非常之多，有七十多处。”[①]“有人多次从徐姓村落里发现一份所谓的徐市家谱。”[②]“我相信《史记》上记载的那个‘齐人徐市（福）’就是东莱夷族的后人，是留在祖居地的一线血脉。”[③]一些关于秦王东巡和徐福东渡的古歌、民谣更是令人惊喜——“它刻在了人民心头，这就可以大致不朽。”所以在这部小说中，作者充当了“古歌”的收集整理者，并借此拼贴连缀出一部波澜壮阔的传奇史诗。

《东巡》如同一部义理、考据和辞章相映生辉的“徐福—莱夷传”，既不失“科研”之严谨，又焕发着“庄严的诗意”，可以说达到了张炜的艺术诉求，他对徐福的追寻似可告一段落。然而正像我们看到的，张炜围绕徐福的研究、创作从未止步。除了小说集《东巡》以及《人的杂志》《柏慧》《刺猬歌》等长篇小说，他还在《回眸三叶》《徐福在

---

① 张炜：《东巡》，《徐福文化集成》（之四），山东友谊出版社1996年版，第335页。

② 张炜：《东巡》，《徐福文化集成》（之四），山东友谊出版社1996年版，第336页。

③ 张炜：《东巡》，《徐福文化集成》（之四），山东友谊出版社1996年版，第336页。

日本》《莱山之夜》《芳心似火》《午夜来獾》《伟大的航海家徐福》等散文随笔和演讲中不厌其烦地写徐福、说徐福。如此，仍不过瘾，后来出版的《你在高原》（作家出版社，2010年），关于徐福、莱夷人的情节线索干脆就贯穿始终，几乎成了这部大河小说内在的精神引擎。尤其是列为第三部的《海客谈瀛洲》，便多头并进，古今杂糅，既有现代时空中徐福故乡官方和民间争相炒作“徐福文化”，各色人等闹得沉渣泛起，丑态百出；又有两千多年前秦始皇东巡、徐福东渡的故事；另外，还在小说的主体叙事文本中，插入了“得一词条”“自传片断”这样的副文本。由此虽显头绪纷繁，却并不散乱，反而让这部作品致广大而尽精微，在众声喧哗之中发出了碰撞与疼痛之声。因此可以说《海客谈瀛洲》是张炜向徐福致敬的集大成之作。

值得注意的是，《海客谈瀛洲》中关于秦始皇、徐福的内容，其实就是前面提到的名为《东巡》的小长篇，张炜将其分为十节，作为现实故事并置的平行文本。对照《东巡》原文，会发现并非原封未动一仍其旧，而是经过了大篇幅的增删、改写和重写。由此也可看到张炜对这一题材的长期积累反复酝酿。正如张炜所说，他也像小说里痴迷于编纂《徐福词典》的王如一那样，为了研究徐福、搜集资料，“不得不做大量的工作，看的资料成山成岭，考察的地方多而又多。有许多时间里我们是和徐福老先生生活在一起的，甚至自以为对他熟悉得不得了，对他与之周旋的那个千古一帝秦始皇也熟悉得不得了。”[①]正是由于这种“熟悉”，他才能够把每一“词条”、每一典故、每一细节烂熟于心，才能够在写作时信手拈来，把徐福写成了他的隐含主角。

《你在高原》之后，张炜又陆续推出了《独药师》《艾约堡秘史》两部长篇小说，以及《海边妖怪小记》《寻找鱼王》等儿童小说。这些作品并未直写徐福，但是从炮制长生丹丸的“独药师”身上，从艾约堡主人淳于宝册身上，从隐身于大山的老“鱼王”身上，多少上还是能够看到徐福老先生的影子，他们不安分，不合群儿，多少都有点儿自成一统、独行其道的徐福气质，甚至他们的生活环境（无论藏身地还是居住地）都显得遗世独立，总之这些人物绝不会淹没在流弊之中，即便不像徐福那样入海求仙，至少也会和尘俗保持一定的距离。张炜就这样葆养着徐福的精神余绪，并将

① 张炜、朱又可：《行走的迷宫》，东方出版社2013年版，第130页。

其撒播于千万文字之中。

我们知道，张炜几乎所有的作品都是以他的故乡龙口——登州海角——为背景的。张炜说过，他所做的一切努力，都是在为自己的出生地争取尊严。他为故乡写作的同时也意味着为徐福的故乡写作，所以，他的作品不仅拥有一个地理意义上的故乡，还拥有一个历史和精神意义上的故乡。因此，虽然他写的只是一个小地方，却让这个小地方具备了无限广阔的时空，让徐福的船队穿越重重迷雾，连接了星辰大海。

（本文为2017年度山东省社科联人文社会科学课题［17-JS-04］研究成果）

张炜徐福文化研究大事记

主编《徐福文化集成》五卷本，山东友谊出版社，1996年版。

徐福题材小说集《东巡》，
山东友谊出版社，1996年版。

中短篇小说集《瀛洲思絮录》，
华夏出版社，1997年版。
主要作品以徐福为主人公。

散文随笔集《流浪的荒原之草》，浙江文艺出版社，1998年版。收有《徐福在日本》等文章。

长篇小说《刺猬歌》，人民文学出版社，2007年版。大篇幅描写寻找徐福船队遗迹之情节。

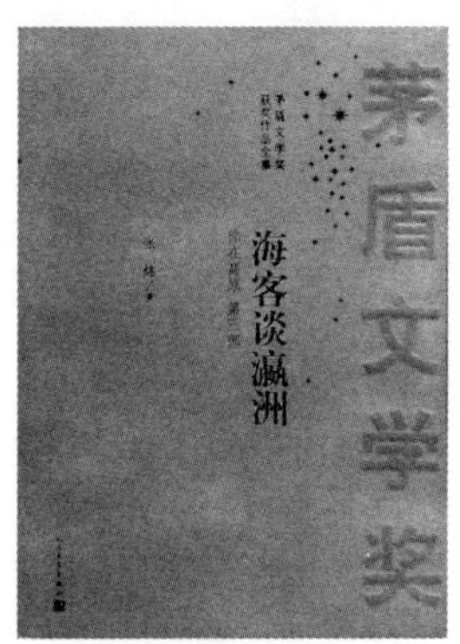

十卷本长篇小说《你在高原》，作家出版社，2009年版。其中《海客谈瀛洲》主要围绕徐福展开故事。

《徐福辞典》，中华书局，2015年版。张炜任编委会主任。

长篇小说《独药师》，人民文学出版社，2016年版。阐发半岛地区仙人文化，并讨论徐福等方士。

《徐福纪事》，山东教育出版社，2018年版。

1996年10月21日至31日，中国国际徐福文化交流协会专家学者访问团赴日本和韩国考察访问。图为在日本新宫车站受到新宫市徐福协会热烈欢迎。

1996年10月，在日本考察徐福行迹。

1997年，在日本徐福会欢迎宴会上。

1997年10月，在日本参加徐福研究座谈会上。

1997年，访问韩国济洲岛，考察徐福遗迹。

2007年5月18日，万松浦书院举办第九届徐福节。

2011年10月，在国际徐福讨论会上。

2011年，中国国际徐福文化交流协会换届，张炜任会长。

图书在版编目（CIP）数据

徐福纪事 / 张炜著．—济南：山东教育出版社，2018
ISBN 978-7-5701-0273-0

Ⅰ．①徐… Ⅱ．①张… Ⅲ．①徐福（秦）- 人物研究
Ⅳ．①K828.9

中国版本图书馆CIP数据核字（2018）第123993号

XU FU JI SHI
徐福纪事
张炜 著

主管单位：山东出版传媒股份有限公司
出版发行：山东教育出版社
地址：济南市纬一路321号 邮编：250001
电话：（0531）82092660 网址：www.sjs.com.cn
印 刷：济南龙玺印刷有限公司
版 次：2018年8月第1版
印 次：2018年8月第1次印刷
开 本：889 mm × 1194 mm 1/32
印 张：8.5
印 数：1-5000
字 数：158千
定 价：39.80元

（如印装质量有问题，请与印刷厂联系调换）印厂电话：0531-86027518